U0939543

国学一本通

徐　潜◎主编

三十六计

赵　立　王世英◎译评

吉林文史出版社

图书在版编目（CIP）数据

三十六计/赵立，王世英译评.—长春：吉林文史出版社，2009.4(2022.1重印)
（国学一本通/徐潜主编）
ISBN 978-7-80702-920-5
Ⅰ.三… Ⅱ.①赵…②王… Ⅲ.①兵法—中国—古代②三十六计—注释③三十六计—译文 Ⅳ.E892.2

中国版本图书馆CIP数据核字（2009）第038161号

 国学一本通 

三十六计

出版人/徐 潜

出版发行/吉林文史出版社（长春市人民大街4646号）www.jlws.com.cn

主编/徐 潜

译评/赵立 王世英

项目负责/王尔立

责任编辑/王尔立 樊庆辉

责任校对/李洁华

装帧设计/李岩冰 柳甬泽 董晓丽

印刷/北京一鑫印务有限责任公司

版次/2011年12月第1版 2022年1月第5次印刷

开本/720mm×1000mm 1/16

字数/280千字

印张/14

书号/ISBN 978-7-80702-920-5

定价/55.00元

前言

《三十六计》是我国流传较为久远，普及面较为广泛的兵法通俗读物。它集历代兵家“韬略”、“诡道”之大成，素有兵法和谋略奇书之称。书中的不少计名、用语为人们耳熟能详，闪烁着智慧的火花。它不仅可以用于军事，对于启迪人们的心智亦功不可没。

我国古代，兵书丛集，蔚为大观。仅见于记载的就有三千余种，保存至今的也不下千余种。其中，《三十六计》格外被人看重。故古书有云：“用兵如孙子，策谋三十六。”可见，《三十六计》所涵盖的有关智谋的丰富内容，历来被人们所重视。今天，人类已经进入高科技时代，但是，人们对《三十六计》还是情有独钟，那是由于被其所富含的“巧”与“智”所深深吸引，认为它不仅可以用于军事，推而广之，还可以将其引入政治、经济、哲学、人生、管理、商界等各个相关领域。

《三十六计》一书，约成书于明、清之交，而在此之前的很长一段时间里，散在而广泛地流传于民间。全书除三十六计之外，还有两段文字分别列于书前和殿于书后，我们姑且谓之“总说”与“跋”，为保持该书的面貌，我们将其收录进来。编者还根据各计的内容与用途，将其归为六个类别。这种划分法是否得体，还有待于经过深入研究，加以解决。

近年来，已经面世的有关三十六计的著述很多，真可谓见仁见智。我们写的这本小册子，在借鉴有关著述之长的同时，还依据我们的构想，不仅载述原文并加以评译，而且把重点放在“评点”上。“评点”力求准确把握原文精神，博采众家之长，对计名的语义、语源和用途作必要的叙述与考证，并在经典案例中引述适量的战例和其他史料，力求兼及古今中外。其主要用意在于为读者提供一些感性材料，增强可读性与趣味性。

最后，我们在写这本小册子的过程中，曾参考了一些有关著述，获益匪浅，在此谨向有关编著者表示衷心的谢意！还有，由于我们的水平所限，以及写作时间匆促，书中的疏漏、错误在所难免，祈请指教！

目录

第四套 混战计

第五套 并战计

第六套 败战计

总说

原文

六六三十六，数中有术，术中有数。阴阳燮理，机在其中。机不可设，设则不中。

译文

六乘六等于三十六，数目里包含着谋略，谋略中包含数目。这便是阴阳相互协调的道理，时机就在这里头。时机不能过分完备，过分完备就会贻误战机。

评点

这段“总说”所侧重强调的是用兵要重视谋划，而不要空泛地议论。因为理论只能阐释出谋划策的一般原则，而谋划才能真正解决实际问题。如果只是为了谋划而谋划，却不知道谋划的筹措须经反复思谋，而那种计谋则是毫无功效的。而且，诡诈和权谋之术，原本就存于事理和人情之中，倘若运用起来漫不经心，那权谋诡异之计就会立即被人识破，引起世俗疑惑和惊诧，那权谋也就会暴露无遗了。

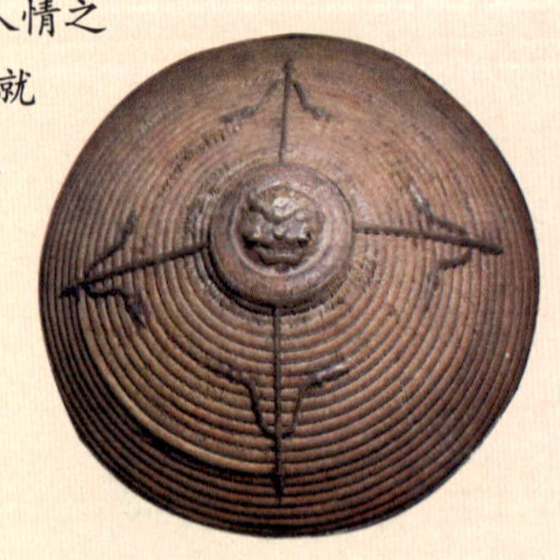

有人认为：三十六计中，每六计成为一套。第一套为胜战计，第二套为敌战计，第三套为攻战计，第四套为混战计，第五套为并战计，第六套为败战计。

第一套 胜战计

第一计 瞒天过海

原文

备周则意怠，常见则不疑。阴在阳之内，不在阳之对。太阳，太阴[①]。

注释 <<<

①太阳、太阴：在《周易》中“阳”、“阴”代表事物矛盾对立统一的双方。“阳”指公开、显露，“阴”指隐秘、机密。太阳：指非常公开、显露；太阴：指非常隐秘、机密。

译文

防备十全十美，就容易斗志懈怠；平时司空见惯了的，也就不容易引起怀疑了。秘计就存在于公开化的事物里，而不存在于与公开形式相对立之中。非常公开的往往隐藏着非常机密的。

评点

“瞒天过海”其义谓：运用欺骗手段，无所不至。语出明代阮大铖的《燕子笺》第七出《购幸》：“我做提控最有名，瞒天过海无人问，今年大比(指科举考试)期又临，嗏，只要赚几贯铜钱养阿正。”可见，其原义本指科考舞弊之事而言。此语用于战争谋计方面，则指的是一种示假隐真的疑兵之法，主要用于战役伪装，用于隐蔽军队的集结和发起攻击的时间等，以达到出其不意的目的。

古人认为，运用诡秘之计，既不能不合时宜，也不能在无人区域施用。这如同在半夜里行窃，在僻静街巷里杀人越货，都不是谋士所应做的事情。熟视无睹，常见不疑，这都是人们在观察各种社会现象时经常犯的毛病，而“瞒天过海”则是巧妙地利用这种常见的错觉来掩盖军事行动的一个计谋。

经典案例

诸葛亮智收姜维

公元288年，诸葛亮率军北伐曹魏。不久，蜀军顺利地进入祁山，夺得南安和安定两城，俘虏了魏军都督夏侯楙。在蜀军攻取天水郡(治所在冀县，今甘肃谷甘县东)的时候，遇上了非同寻常的人物——文武双全、智勇兼备的天水参军姜维。先是赵云受孔明之遣，领五千人马攻取天水郡时，中了姜维的计策。接着孔明亲自为前部，来到天水郡城边，又中了姜维的计。“兵不在多，在人之调遣耳，此人真将才也。”孔明爱才，决心收服姜维。为了收服姜维，孔明“思之良久”，后来听说姜维的母亲居住在冀县，而他对母亲又非常孝顺，便派魏延率军诈攻此城，迫使姜维恐母亲有失而领兵驰援冀县，于是孔明乘机将他围困在城中，然后施展了一系列的计谋。

◎诸葛亮画像◎

首先，孔明料定夏侯楙不会劝降姜维，却故意给他衣服、鞍马，放他去“招安姜维”。在夏侯楙临行前，孔明说：“现在天水的姜维守着冀城，他派人带着书信来说：‘只要驸马(指夏侯楙)在，我愿归降。’”孔明使用这个假情报，其目的不在于争取夏侯楙而是为了蒙骗他，在他的心里先投下一个姜维已有投降西蜀之意的阴影。夏侯楙刚出蜀营，忽然有几人奔来，对他们讲：“我们是冀县的百姓，现在被姜维献了城池，归顺诸葛亮，蜀将魏延到处放火，抢劫财物，我等只得弃家逃走，投上邽(县名，今甘肃省天水市)去。”在奔赴天水的路上，夏侯楙又碰到不少百姓携儿抱女而过，说的都同先前那几个人一样，他经不住这一连串情况的刺激，终于相信了姜维已经降顺蜀军。这时，天水的一些将领还没有亲身感受，都不相信真有此事，恰恰就在他们猜疑不定之际，蜀兵又来攻城，并且在火光中见姜维在城下挺枪勒马大叫：“请夏侯都督答话！”夏侯楙与太守马遵等都到城上，见姜维耀武扬威高声叫喊：“我为都督而降，都督为何背弃前言？”夏侯楙说：“你受魏恩，为何降蜀？有什么前言？”姜维回答说：“你写信与我，让我降蜀，你现在怎么能这样说呢？你要脱身，却把我害了！我现在降蜀，封为上将，哪还有回到魏国的道理？”说完，就驱兵攻城，直到拂晓才退。在这事实面前，天水的将领们不得不相信。其实，这又是孔明之计，他让部卒中相貌和姜维相似的士兵假扮姜维攻城，同时，孔明引兵来攻冀县，冀县城中粮食缺乏，孔明又以粮草引诱姜维出城抢粮，而派魏延偷袭冀县，姜维失城后单枪匹马逃奔到天水城下时，被太守马遵下令用乱箭射回，当姜维奔上邽城时，城上的将领便大骂：“叛国贼，还敢来劫我的城池！”于是又送给姜维一阵乱箭，姜维不能辩说，不由仰天长叹，他孤掌难鸣，人困马乏，在走投无路的情况下，最后只好向孔明投降。

姜维来降，孔明亲自出迎，说：“今天我能够在此迎接伯约(姜维字)，这是蜀国的造化。”姜维从心眼儿里感激孔明如此看重他，想到自己本愿帮助太守，太守却把他扔了，还叫人拿箭射他；本想抗拒孔明，孔明倒把他当做自己人看待。相比之下，他不由得向孔明跪了下去，孔明把他扶起来，请他坐下，跟他谈起军国大事，越谈越亲，彼此都觉得遇到了知己。孔明还向后主刘禅推荐，拜姜维为奉义将军，封当阳亭侯。这时姜维才二十七岁。

贺若弼巧取南徐州

公元589年，隋朝要大举进攻南朝陈。战前，隋将贺若弼频繁地对沿江守备部队进行调防，并规定每次调防，都要在历阳(今安徽省和县地区)集结，插上许多旗帜，并在野外搭建很多帐幕。开始，陈国以为隋军要来进犯，马上便调集了国内的全部兵力进行防范，事后才了解到是隋军的正常调防。于是便将已经集结的部队又撤了回去。以后，隋军三番五次地这样搞，陈军渐渐地习以为常了，就不再做相应反应了。当陈军放松了警觉之后，隋军便乘机轻易地过江来，一举攻占了陈的南徐州。

特洛伊人的礼物

相传公元前1200年左右，希腊城邦斯巴达国王麦里劳斯美丽的皇后海伦与特洛伊王子巴里斯私奔。为了报仇，希腊人发起了渡海攻打特洛伊的战争。双方整整打了十年，也没有攻下特洛伊城。最后，希腊人想出了一条计策，他们假装上船撤走，只留下一只高大无比的木马在城下。同时，希腊人派出的间谍西农在特洛伊人中间散布消息说，这匹木马是神赐给特洛伊人的礼物。如果把它拖进城来虔诚对待，就会得到神的保佑；如果抛弃了它或者毁坏了它，就会遭到神的惩罚。特洛伊人信以为真，就派出了好多人将木马拉进城中。

当天夜里，特洛伊人为希腊人的撤退而大肆庆祝，很多人都喝得烂醉如泥，完全放松了警惕。突然，城中出现了几十名希腊士兵，他们迅速冲到城下，打开城门。又偷偷地回到城下的希腊军队一拥而入，占领了特洛伊城。原来，希腊人假装撤离的时候，事先已经将士兵藏在了木马的肚子里。天黑之后，藏在木马中的希腊士兵爬了出来，趁特洛伊人不备，里应外合，将特洛伊城占领。

希特勒闪击法国

第二次世界大战期间，希特勒当局为了伪装闪击法国的军事行动，麻痹盟国首脑，连续二十九次改变入侵法国的开战时间表，并多次把这种变动情况，通过某种载体传播出去，故意让西方国家的政要和参谋本部获悉，终于使之习以为常，从而使西方国家的军政首脑失去了应有的警觉。在希特勒正式发动进攻的前夕，英法情报机关截获了德国军队向法国边境调动的许多消息。当时，英法当局却认为又是一次“神经战”，根本没有引起足够的重视。

第二计 围魏救赵

原文

共敌①不如分敌；敌阳不如敌阴②。

注释<<<

①共敌：指兵力集中，有战斗力的敌人。

②敌阳不如敌阴：敌阳，在古代兵法中指主动攻敌，先发制人的战术；敌阴，在古代兵法中指伺机进攻，后发制人的战术。《唐太宗李卫公问对》卷中：后则用阴，先则用阳。

译文

与其强攻集中的敌人，不如用计将它分散，尔后逐一加以击破；与其先发制人，不如后发制人，尔后将它置之死地。

评点

事见《史记》卷六十五《孙子吴起列传》，原指一次以计解除困危的军事行动。后来引申为乘敌方以主力集中攻打邻国，双方苦苦激战而又相持不下之时，借以向敌国本土要地发起攻击，待敌军仓皇回窜时，在中途设伏兵将其一举歼灭的计谋。这里的“共敌”意谓兵力集中之敌。这里的“分敌”是指依计调开兵力集中之敌，使之因兵力分散而趋弱势，从而一举加以歼灭。古代兵

◎蜀汉陶三轮车马俑◎

家持此主张者可谓多矣。《管子·势》篇云：“分其师众，人既迷芒，必其将亡之道。”《十一家注孙子·谋攻篇》称：“倍则分之。曹操注曰：以二敌一，则一术为正，一术为奇。”其《虚实篇》又称：“故形人而我无形，则我专而敌分；我专为一，敌分为十，是以十攻其一也，则我众而敌寡者，则吾之所与战者，约矣。”《吴子·论将》篇亦谓：“轻兵往来，分散其众。”

古人认为，对敌作战就像治水一样：对来势凶猛的强大敌人，采取疏导分流的方法，从而避开它的恶浪般的冲击，待其力量因分散而日渐削弱的时候，再集中兵力一举将它消灭；而对弱小之敌，则要采取筑坝截流的方法，必须抓住它的弱点，一举歼灭之。

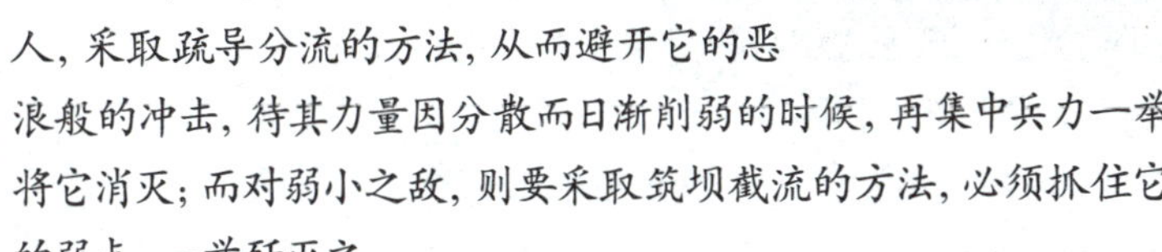

经典案例

孙膑围魏救赵

公元前353年，魏国攻伐赵国，魏军包围了赵国的都城邯郸(今河北省邯郸市)。赵国火速向齐国求救，齐王立即任命田忌为将，孙膑为军师，出兵前去救赵。当时，田忌本打算率军直奔邯郸，以解赵国之困。但是，军师孙膑却建议：当前魏国的精锐部队都投入到邯郸的围困战中，国内非常空虚，所以我们应当采取进攻魏国都城大梁(今河南省开封市)的谋略。这样，不仅能够解除赵国的危机，还能使魏国腹背受敌而疲于奔命。田忌欣然采纳了孙膑的计谋，率兵直奔魏都大梁。魏军果然马上放弃了对邯郸的围困，日夜兼程回援大梁。当魏军走到桂陵(今山东省菏泽市东北)时，齐军使用“以逸待劳”的战术，几乎使其全军覆灭。这便是运用“围魏救赵”计谋而以巧取胜的最早的成功战例。

计解天京之围

太平天国后期，由于内讧加剧，大大削弱了革命军的力量。公元1860年，清政府派和春率领数十万大军进攻太平天国的都城天京（今江苏南京）。清军仗着人马众多，层层包围，使天京成为一座孤城。

为了解救天京，天王洪秀全召集诸王众将商讨对策，面对如此险恶的形势，大家一时也想不出什么好办法。这时，年轻的将领忠王李秀成为洪秀全献上一计。他说："如今，清军人马众多，硬拼只会凶多吉少。请天王拨给我两万人马，乘夜突围，偷袭敌军屯粮之地杭州。这样，敌人一定会分兵救援杭州。然后天王乘此机会突围，我也回兵天京，形成两面夹击之势，天京之围可解。"翼王石达开急忙响应，并表示也带一支人马，协同忠王作战。

诸王众将都认为这是"围魏救赵"之计，有两位王爷亲率精兵突围，胜利是有把握的。可是洪秀全生性喜欢猜疑，他因天京被围，形势险恶，怀疑二王是不是想乘机脱逃，所以迟疑不决，没有吭声。李秀成猜透了洪秀全的心思，他突然跪倒在地，泪如泉涌，说道："天王，天国危在旦夕，我等若有二心，对得起天王和全军将士吗?"石达开也跪在天王面前，恳求洪秀全下令发兵。洪秀全深受感动，终于同意照计而行。

这年正月初二，正值过年，清军仗着人多势众，已把天京团团

◎居庸关◎

围住，也就略有松懈。这天半夜时分，李秀成、石达开各率一部人马，乘着黑夜，从敌人封锁薄弱的东南角突围出去。清将和春见是小股部队逃窜，也就没有追击。

◎手形銎铜戈◎

二王突围后，分兵两路：李秀成奔杭州，石达开奔湖州。

李秀成抵杭州城下，见守备森严，他急令士兵攻城，但都被击退。原来这杭州是清军的重要粮草基地，城内守军也有一万余人。他们只坚守城池，并不出城反攻。李秀成见三天三夜未能攻下杭州，心中焦急。突然天降大雨，城内守军见太平军久攻不下，都很疲惫，天又降雨，就都躲进城堡休息，因为几天几夜没好生睡觉，倒在地上便呼呼入睡。李秀成乘着雨夜，派一千多名勇士，乘云梯偷偷爬上城墙，等守城兵士惊醒，城门已经大开，李秀成率部冲入城内，攻下了杭州。为了吸引围困天京的清军，李秀成下令焚烧清军的粮仓。

和春闻迅，知道杭州已失，断了后勤供应，急令副将张玉良率十万人马，火速回救杭州。

洪秀全见清军已分兵解救杭州，敌军正在调动，于是下令全线出击。李秀成攻下杭州，放火烧了粮仓之后，火速回兵天京，石达开也率部回撤天京。

两路兵马汇合一处，机智地绕道而行，避开了张玉良回救杭州的部队，终于顺利地赶回天京。

此时城内城外的太平军对清军形成夹击之势，清兵始料不及，左冲右突，阵势大乱，死伤六万余人，一败涂地。

清军惨败，天京之围已解。短时期内，清军已无力再打天京了。

围魏救赵反围剿

1931年7月，第三次反围剿开始了，当时的情况是：蒋介石亲率“围剿”军三十万人，兵分三路，长驱直入，妄图逼迫红军于赣江歼灭之。而红军当时只有三万人，完成第二次反围剿仅一个月时间，未休息，未补充。在敌强我弱、众寡悬殊的情况下，红军在毛泽东、朱德的指挥下，主力绕道千里，回到赣南兴国一带集结，敌人进入中央苏区后，二十余日找不到红军主力，直到7月底才发现红军主力在兴国地

区，于是分路急进，暴露了其侧后富田、陂头、新安一带防守力量薄弱的问题。红军决定避实就虚，先在兴国万安突破富田一点，然后由西而东，向敌人后方联络线上横扫过去，使敌人向赣南根据地进攻的主力不但不起作用，还要回过头来救援。但是，当红军向富田开进时，被敌发觉，不得不回到兴国的高兴圩，此时，敌人主力已逼近兴国城。红军用一部分兵力将敌主力引向万安、良口。因为地盘很小，主力集中一天之后，乘黑夜转到莲塘，消灭孤立之敌一个旅十一个营。接连打了几仗，每仗皆胜。红军的这一举动，迫使向西的敌军主力掉转方向，一齐向红军扑来，红军又寻找到向东扑来的敌军之间有一条二十华里长的大空隙，又迅速向西猛扑，突破了封锁。此时，红军已休整半个月，敌人则精疲力尽，无力进剿，只得退走。红军又乘敌人退却之机消灭了蒋介石的一个师和一个旅，取得了反围剿的胜利。毛泽东同志在《抗日游击战争的战略问题》一文中，总结我抗日军反围攻的作战经验时指出：在我处内线作战，敌处外线作战的情况下，若我兵力优裕，可使用次要力量于外线，破坏敌人交通，钳制敌人的增援部队。如果敌在根据地内久踞不走，我可以倒置地使用上述方法，即以一部分留在根据地内围困该敌，而用主力进攻敌人的后方或老巢，在那里大肆活动，引致久踞之敌撤退出去打我主力，这就是“围魏救赵”的方法。

1947年8月，当蒋介石大举进攻解放区时，毛泽东同志经过深思熟虑，决定把主力打到外线去。刘邓大军逐鹿中原，千里跃进大别山，把战争引向蒋管区，一举扭转了整个战争形势，揭开了中国人民解放军战略进攻的序幕。可以说，这是对“围魏救赵”战法的又一运用和发展。

第三计 借刀杀人

原文

敌已明，友①未定，引②友杀敌，不自出力，以《损》③推演。

注释<<<

①友：泛指第三方力量。

②引：诱导。

③损：指《易经·损卦》，兑下艮上，主要是阐明“损下益上”的道理。

译文

敌方的情况已经明确，友军的意向却不稳定，这就要想方设法诱导友军前去杀敌，以避免过分消耗我方的战斗力。这就是根据《损》卦“损下益上”的道理推演而形成的谋略。

评点

“借刀杀人”其义谓：自己不出面，利用或挑拨别人去害人。语出明代汪廷纳的《三祝记·造陷》：“恩相明日奏(范)仲淹为环庆路经略招讨使以平(李)元昊，这所谓借刀杀人。”可见，其原义是用于人事关系方面。此语用于战争计谋方面，则指的是为了保存实力，而利用矛盾，借助别国力量去击破敌方的谋略。古代兵家认为，从军事观点来看，当敌我双方势均力敌之时，突然有一支新的强大部队，以第三者的态势出现，这必将是一个决定胜负的重要因素，所以必须想方设法加以利用。同样，当一个国家容许他的邻国，无限制地扩张势力，而不加以阻止和利用时，那么，它的衰落将相随而至。《兵

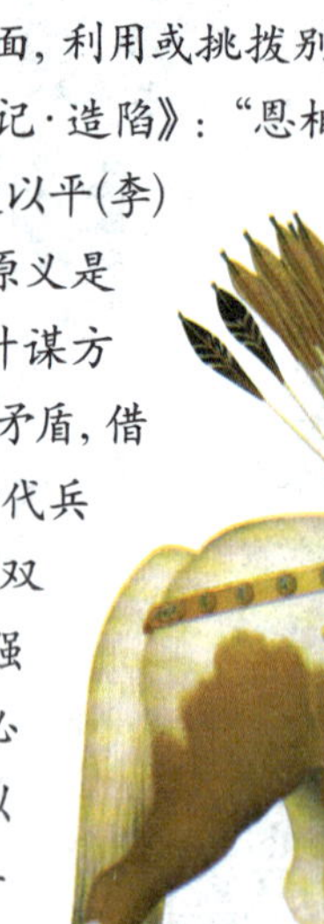

◎乾隆◎

法圆机》下卷《借》篇谓："古之言借者，外援四裔，内约与国，乞师以救助耳。惟对垒设谋，彼此互角而有借法，借法乃巧。盖艰于力，则借敌之力；不能诛，则借敌之刃；甚至无财，而借敌之财；无物，而借敌之物；鲜军将，而借敌之军将；不可智谋，而借敌之智谋。吾欲为者诱敌役，则敌力借矣；兵欲毙者诡敌歼，则敌刃借矣。抚其所有，则为借敌之财物；令彼自斗，则为借敌之军将；翻彼着为我着，因其计成吾计，则为借敌之智谋。不必亲行，坐有其事。己所难措，假手于人。敌为我资，而不见德。我驱之役，法令俱泯。甚且以敌借敌，借敌之借，使敌不知而终为我借，使敌既知而不得不为我借，则借法巧也。"所借于敌的，可谓多矣，"借刀"总其说而已。行借之时，要突显"智"、"巧"二字。

◎镶嵌十字纹方钺◎

古人认为，在敌对势力的征象已经显露，而另一股势力也在不断发展，并且将要发挥重大的作用时，就要果断地借助这股势力，去打败敌人。

经典案例

子贡借刀杀人

春秋末年，齐简公派国书为大将，率军前去攻伐鲁国。鲁国势弱，不堪一击，形势非常严峻。子贡分析形势之后，认为只有吴国的实力可以同齐国抗衡，可以借助吴国兵力打败齐军。于是子贡便前去游说齐相田常。田常当时急欲铲除异己。子贡以理相劝，要他不要让异己在攻伐鲁国的战争中轻易得手而取得主动；而应让他们去攻打吴国，借以铲除异己的势力。田常为之心动，但苦于齐国已做好伐鲁的部署，如在此时转而攻吴，怕是出师无名。子贡说："这事不难，我前去劝说吴国救鲁伐齐，这不就有了攻吴的理由了吗？"田常听了非常高兴。子贡便来到吴国，对吴王夫差说："如果齐国攻下鲁国，它的势力必定得以强大，接着必将伐吴。大王不如先动手，联鲁攻齐，吴国不就可以借此与强晋分庭抗礼，成就霸业了吗？"子贡又去说服赵国，派兵随吴伐齐，以解除吴王的后顾之忧。子贡这次穿梭游说，实现了预期的目的。他又想到吴国胜齐之后，必然要挟鲁国，而使鲁国不能

真正解除困境。于是，他又暗自来到晋国，向晋定公陈述利害关系：吴国伐齐成功之后，必定转而攻晋，争霸中原，劝晋国有所准备，以防吴国的进犯。

公元前484年，吴王夫差亲自统率精兵十万零三千人(其中有越国兵三千人)，北上攻打齐国，鲁国立即派兵助战。齐军中了吴国的诱敌之计，深陷重围之中，结果齐军大败，主帅国书及其他几员大将则死于乱军之中。此战以齐国请罪求和而告终。夫差大获全胜之后，便立即率军转而攻晋。因为晋国早就有所准备，故顺利击退吴国的进攻。这样，子贡充分利用了齐、吴、越、晋四国的矛盾，智于周旋，借吴国之"刀"，击败齐国；借晋国之"刀"，灭了吴国的威风，使鲁国从弱势的危难之中，得以彻底的解脱。

勾践计除伍子胥

春秋末年，吴国在会稽(今浙江省绍兴市)大败越王勾践后，吴王夫差的重要谋臣伍子胥多次建议乘势消灭越国。越王勾践便用借刀杀人之计，离间吴王与伍子胥的关系。越王派大夫文种携带厚礼，前去买通吴王的宠臣伯嚭。伯嚭受贿后，千方百计替越国说话，多次在吴王面前诋毁伍子胥。吴王听信了伯嚭的谗言，以伍子胥阴谋通齐叛吴之罪将其杀害。

费无极智杀郤宛

战国时，楚昭王即位，以囊瓦为相国，和伯郤宛、鄢将师、费无极同执国政。

是年，郤宛出征吴国，大获全胜，俘获兵甲无数，昭王大喜，将所获兵甲赐一半给他，每事必和他商量，对他宠幸无比。

费无极心生妒忌，和鄢将师设计陷害他，乃对囊瓦说："郤宛有意请客，托我来转报，不知相国肯光临否？"囊瓦立即回答："既然相请，哪有不赴之理。"

费无极又去对郤宛说："相国早有意想在贵府饮杯酒，大家一聚，不知你肯做东道主否？现托我问一问。"郤宛不知是计，自然答应说："我是他的下属，难得相国肯赏脸，真是荣幸之至！明天好了，我当摆桌恭候，请你先行去报告。"

费无极又问："既然相国要来，你准备送他什么礼物？""这倒提醒我了。"郤宛说，"不知相国喜欢什么？"

"据我所知，唔——"费无极故意停顿了一下才说，"他身为相国，女子财帛不稀罕的了，唯有坚甲利兵，他最感兴趣，平日也对我暗示过，他很羡慕你分得的一半吴国兵甲，要来你家赴宴，无非想参观一下你的战利品罢了！"

郤宛随即叫人拿出战利品来，费无极又帮忙挑选出一百件最坚固的且告诉郤宛："这些够了，到时，你把这些放在门边，相国来的时候，必问及此事，一问，你就拿给他看，乘机献给他，如果是别的东西，恐怕他是不会接受的。"

郤宛信以为真，遂将那百件兵器和被俘吴兵安排在门内，用布帐掩蔽起来。次日，郤宛大排筵席，布置堂皇，托费无极去请囊瓦，囊瓦已经准备启程，费无极却说："郤宛近来十分傲慢，此次设宴又不知其中缘故。人心不可测，待我先去探听一下，看他摆宴的情况怎样，相国然后去，这样比较安全些，好不好？"

"好，你先去看看吧！"囊瓦说。

费无极出去在街上胡乱转了个圈，然后踉踉跄跄回来，一步一跌的，喘息未定，气急败坏地说："几乎误事！我已探听明白了郤宛这次请客，是不怀好意的，将置相国于死地，我见他门内暗藏甲兵，杀气腾腾的，相国若往，一定中他计。"

囊瓦一听，心里犹豫起来，说："我和郤宛平日并无过节，他不会这样吧？"

费无极乘机挑拨说："郤宛自从征吴有功，恃王之宠，早有对相国取而代之的野心了。这是尽人皆知的事，只瞒住相国一人，我和鄢将师正防他早晚也会有此一着。想想，过去吴乘我丧，我乘吴乱，郤宛本可以乘胜击，把吴国灭了，可是他却俘获一些兵甲就班帅，听说他当时得了吴国很多贿赂，有了默契，便强迫将士回军的。这样看来，他一定心怀鬼胎，想在本国打主意，说不定此人若得势，楚国就危险了！"

他侃侃而谈，渐渐把囊瓦的主意打乱了，但囊瓦还不相信，便另叫心腹去郤宛家里打探明白。

那心腹回来报告，说是真有其事，门内果真伏有甲兵，囊瓦登时大发雷霆，立即叫人请鄢将师来，告诉他这件事，并问他要怎样处置。

鄢将师是早与费无极串通好的，遂又添油加醋地说："郤宛想造反，已非一日了，他和城内三大家族伙同一党，正想谋夺国政，还幸今日发觉得快，再迟就后悔莫及了。""可怒也，"囊瓦把桌案一拍，"我要宰了他！"

当即奏请楚王，命鄢将师率兵围住了郤宛的家。

郤宛这才知道自己被费无极出卖了，欲诉无门，含冤莫辩，便长叹一声引刀自刎而死。

皇太极计除袁崇焕

努尔哈赤父子亲率数十万满兵，声势浩大，锐不可当，进犯明朝，志在必得。明天启六年，努尔哈赤亲自率部攻打宁远，以十三万之众围攻宁远守兵万余人。十三比一，力量悬殊。宁远守将袁崇焕，身先士卒，奋勇抗敌，击退满兵三次大规模进攻。明军奋勇抵抗，力挫骄横的满兵。袁崇焕乘满军气馁之时，开城反攻，追杀数十里，击伤努尔哈赤，满军惨败。努尔哈赤

遭此败绩，身体负伤，攻占明朝的壮志难酬，羞愧愤懑而死。第二年，皇太极继位后，又率师攻打。袁崇焕早有准备，皇太极又兵败而回。

又经过几年的准备，皇太极再次攻打明朝。崇祯三年，他为避开袁崇焕守地，由内蒙越长城，攻山海关的后方，气势汹汹，长驱而入。袁崇焕闻报，立即率部入京勤王，日夜兼程，比满兵早三天抵达京城的广渠门外，做好迎敌准备。满兵刚到，即遭迎头痛击，满兵先锋巴添狼狈而逃。皇太极视袁崇焕为从未有过的劲敌，又忌又恨，袁崇焕成了他的心病。

皇太极为了除掉袁崇焕，绞尽脑汁，定下借刀杀人之计。他深知崇祯帝猜忌心特重，难以容人。于是秘密派人用重金贿赂明廷的宦官，向崇祯告密，说袁崇焕已和满洲订下密约，故此满兵才有可能深入内地。崇祯勃然大怒，将袁崇焕下狱问罪，并不顾将士吏民的请求，将袁崇焕斩首。皇太极借崇祯之刀，除掉心腹之患，从此肆无忌惮，再也没有遇到袁崇焕这样的劲敌。

◎袁崇焕雕塑◎

蒋介石“借刀”

1929年，桂系军阀与蒋介石之间的矛盾开始激化。蒋介石要用武力去消灭以李宗仁为首的桂系，交战前夕，他巧用谋略，借汪系之“刀”去“杀”桂系。

蒋介石先借助于唐生智，桂系白崇禧的部队是唐生智的旧部，他让唐生智买动他的旧部倒戈，使白崇禧只身出逃；他又借助张发奎从江西发兵进攻湖北；再借助俞作柏策动李宗仁的部下倒戈。结果是蒋介石不费吹灰之力就占领了武汉，而李宗仁则败退广西。

在蒋桂之战以前，蒋介石同唐生智、张发奎、俞作柏都存在很大的矛盾，但蒋介石却能利用他们，可见计谋的重要。

“借刀”须有条件，或陈以利害，或许以重利，而其关键在于善于利用矛盾。蒋介石就是在利用矛盾的同时，以重利相许的。

桂系的白崇禧打败了唐生智，而后收编了他的部队。唐时刻都梦想东山再起，他的部下也想重返湖南老家，又觉得充当桂系的官兵

◎匕首◎

不光彩，而蒋介石许诺只要唐生智赶走白崇禧，就让他打回老家湖南，唐生智从中周旋，果然就把事办成了。只是唐生智却一无所获，反而受到蒋介石的讨伐，从而被逼再次下台，蒋介石借了“刀”却不领情。

张发奎与桂系也有矛盾，一心想占湖北。张发奎的上司是汪精卫。蒋介石许诺：打败桂系后，完全由汪精卫领导。汪十分高兴，他一出面，张发奎就同意从江西发兵攻打湖北。随后，汪精卫又请俞作柏到武汉说服李明瑞、杨腾晖倒戈。

张发奎本以为直捣桂系的后路，是为蒋介石的南京政府建一奇功，不料对桂系之战刚一结束，蒋介石的嫡系部队却向张部发起攻击。张发奎开始还以为事出误会，当一直被追击而退守宜昌时，他才如梦初醒，但一切都成为过眼云烟。

汪精卫的后果更糟，不仅没上台领导一切，连党籍也未能恢复，他只好自认“资谋不足”。蒋介石“借刀”不领情，还把“借刀人”踏在脚下。

希特勒借刀杀人

第二次世界大战前夕，苏联国内正在进行大规模的肃反运动。希特勒接到关于图哈切夫斯基可能发动政变的情报后，顿生借刀杀人之歹意。他命情报头子海德里希秘密组织人，编造图哈切夫斯基反苏的“证据”，又设法把编造的情报转到苏联谍报人员手里。不久，图哈切夫斯基等八名优秀的高级将领被逮捕。由于图哈切夫斯基被那突如其来的审讯弄得晕头转向，在大量的所谓“证据”面前无言以对，当天就被判处死刑。

第四计 以逸待劳

原文

困敌之势[1]，不以战，损刚益柔[2]。

注释 <<<

①势：泛指第三方力量。

②损刚益柔：出自《易经·损》卦。原文为："损刚益柔有时。损益盈虚，与时偕行。"其意可以理解为：在敌我总力量一定的情况下，敌人由优变劣，由主动变被动，我自然也就由劣变优，由被动变主动了，这就像一天二十四小时是不变的，变化的只是昼与夜的彼此消长。

译文

围困敌军的进攻态势，不用实战攻击，待敌精疲力尽、声威锐减、攻防双方的态势发生逆转之时，我方便可以变被动为主动了。

评点

"以逸待劳"，一作"以佚待劳"，其意谓：战时养精蓄锐，待敌人疲惫之后，相机而动，一举取胜。语出《孙子·军争篇》："以近待远，以佚待劳，以饱待饥，此治力者也。"《后汉书》卷十七《冯异传》亦云："今先据城，以逸待劳，非所以争也。"其原意即指军事而言。也就是说，善于指挥战争的人，总能够依计调动敌人，而决不会被敌人所调动的。

此计所强调的重点在于：要在战争中获胜，不能完全一律采用进攻之法，关键在于掌握主动权，相机而动，以不变应万变，以静制动；积极调动敌人，创造战机，而决不让敌人调动自己。所以，决不可把以逸待劳的"待"字，理解成守株待兔式的消极等待。

古人认为，"以逸待劳"的最终目的，不仅在于选择有利的地形，等待有利的战机，而且其重点应当是以少胜多，以不变应万变，以小的变化应付大的变化，以静止状态应付活动态势，这便是获胜的关键之所在。

经典案例

李牧以逸待劳却匈奴

春秋末期，晋国大夫韩、赵、魏三家强盛，终于瓜分晋国，公元前403年周威烈王承认韩、赵、魏三家为诸侯。赵国起初建都晋阳(今山西省太原市东南)，公元前386年迁都邯郸(今属河北省)。疆域有今山西中部、陕西东北角、河北西南部。

赵烈侯初为诸侯，传至赵武灵王，赵国日益强大。赵武灵王进行军事改革，胡服骑射，攻灭中山，打败林胡、楼烦，建立云中、雁门、代郡，占有今河北西部、山西北部和河套地区。赵悼襄王时，派遣将领李牧常年防守雁门郡(今山西省代县)，防备匈奴袭击。李牧根据对国家和人民均有利的原则，设置官员，所收的租赋都集中到官府里，以供给士兵消费，每天还要宰几头牛供士兵享用。他训练士兵骑马射箭，并设置烽火报警，派出间谍，搜集情报。他命令部下说：“在匈奴人侵犯抢掠时，大家要赶快集合起来坚守阵地，如果有人擅自抓捕匈

◎居庸关◎

奴人，就立即斩首。”匈奴每次入侵抢掠，李牧的部队总是集合起来坚守营寨，不与匈奴作战，如此，过了数年，赵国未受任何损失。

然而，匈奴认为李牧怯懦，甚至赵国的边防士兵也认为自己的将领怯懦无能，赵国国君责备李牧，而李牧却依然如故。赵王不得已把他召回，派人代替他统率驻守雁门郡的部队。但是，在一年多的时间，匈奴每次入侵，赵国的部队出战都失利，赵国损失很大。同时，边境上也不能生产和放牧。匈奴对赵国的威胁越来越大，到这时，赵王才后悔不该召回李牧。

于是，赵王打算重新任命李牧担任雁门郡防守部队的将领，李牧却推说自己有病，不能带兵打仗，赵王再三征召李牧，命其带兵。李牧说：“如果起用我，只有允许我像以前那样行事，我才敢接受任命。”赵王同意之后，李牧重返雁门，仍然像以前那样约束部下。匈奴虽屡次入侵，一无所获，但他们依然认为李牧怯懦无能。戍边的士兵觉得长期悠闲不打仗，每天还得到李牧的赏赐，心里过意不去，因而都愿意与匈奴决一死战。其实李牧守雁门，其所以长期不出战是在积蓄力量。同时使匈奴多次出征，劳而无功，官兵厌倦。这就是用的“以逸待劳”之计。这时，李牧认为大打一仗的时机已经成熟。于是，他准备了经过挑选的战车一千三百辆，还选好了马匹，作战勇敢的士兵五万人及弓箭手十万人，并且进行了严格训练，还让当地人民漫山遍野放牧牲畜以诱敌人，匈奴见了这种情景，又来入侵。李牧指挥

◎铜车马◎

部队假装败走，并且将数千人遗弃匈奴，单于听说这一情况，以为侵略赵国的时机成熟，遂率领大批部队长驱直入侵犯赵境，殊不知李牧设置了很多奇妙的阵势，展开兵力左右两翼夹击，一举大破匈奴军，歼灭匈奴十余万人，单于仓皇逃走，在此后的十多年中，匈奴未敢再侵犯赵国的边境。

秦军以智灭楚

战国末年，秦国少年将军李信率二十万大军攻伐楚国。刚一开战，秦军便连克数城，锐不可当。但过了不久，李信中了楚将项燕的伏兵之计，丢盔弃甲，狼狈而逃，损失惨重，大败而归。后来，秦王又起用了老将王翦。王翦率六十万大军，陈兵于楚国边境。楚国马上派重兵迎击。而老将王翦却毫无进攻之意，只是专心营造城堡，摆出一派坚壁固守的态势，两军相持一年有余。楚军急于击退秦军。而王翦却在军中鼓励将士养精蓄锐，吃饱喝足，休养生息。秦军将士个个身强体壮，精力充沛，平时苦练战技，士气空前旺盛。王翦非常高兴，取胜的信心倍增。一年以后，楚军急于取胜的心态早已开始懈怠，斗志消磨殆尽，误以为秦军确为防守自己，并无进攻之意向。于是便决定东撤。王翦见时机已到，便下令追击正在撤退的楚军。秦军将士靠着已经养足的虎虎生气，只杀得楚军溃不成军。秦军乘胜追击，势不可当。公元前223年，楚国终被秦灭。

◎关羽像◎

陆逊以逸待劳败刘备

三国时，吴国杀了关羽，刘备怒不可遏，亲自率领七十万大军伐吴。蜀军从长江上游顺流进击，居高临下，势如破竹。举兵东下，连胜十余阵，锐气正盛，直至彝陵、猇亭一带，深入吴国腹地五六百里。孙权命青年将领陆逊为大都督，率五万人迎战。陆逊深谙兵法，正确地分析了形势，认为刘备锐气始盛，并且居高临下，吴军难以进攻。于是决定实行战略退却，以观其变。吴军完全撤出山地，这样，蜀军在五六百里的山地一带难以展开，反而处于被动地位，欲战不能，兵疲意阻。相持半年，蜀军斗志松懈。陆逊看到蜀军战线绵延数百里，首尾难顾，在山林安营扎寨，犯了兵家之忌。时机成熟，陆逊下令全面反攻，打得蜀军措手不及。陆逊一把火，烧毁蜀军七百里连营，蜀军大乱，伤亡惨重，慌忙撤退。陆逊创造了战争史上以少胜多、后发制人的著名战例。

斯大林智斗罗斯福

1944年，第二次世界大战的局势已经日渐明朗，苏、美、英等国军队在各条战线上节节胜利，法西斯德国败局已定。为了处理战后遗留问题，苏、美、英三国首脑决定举行一次会晤。当时，美国总统罗斯福的健康状况已经非常糟糕，因此他建议，会晤可以定在1945年春天天气变暖之后，那时他的身体状况就会好一些。

而此时斯大林却另有一番打算，他知道，谈判桌上的较量就是意志的较量，对于一个疲惫不堪、精力不支的人来说，是很难保持坚强的意志和耐力的。罗斯福目前身体虚弱，也就很容易产生焦躁、厌倦等情绪，这对于前苏联在谈判中争取更大的利益来说，未尝不是一件好事。于是，他电告罗斯福说，由于现在形势紧迫，许多问题必须尽快解决，因此会谈的时间最迟只能推迟到1945年2月份。

◎盾牌◎

罗斯福觉得斯大林的理由没有什么不合理之处，只得同意了这个日期，但是他又提出，因为健康原因他只能坐船去参加会谈，为了节省时间，他希望会谈的地点离美国本土距离近一些，并尽量选在一个气候温和的地方。斯大林又一次拒绝了他的提议，坚决主张会谈应当在前苏联控制的地区内举行，并将地点选在了黑海边上克里米亚半岛的小镇雅尔塔。

最终，还是罗斯福妥协了，他拖着病体坐船经过几十天的长途跋涉来到冰天雪地的雅尔塔。三国首脑到达之后，便开始了无休无止的会晤、谈判、宴会、酒会、晚会。仅会谈就进行了二十次之多。紧张的日程令罗斯福疲惫不堪，几乎精疲力竭，最终体力不支，不得不草草结束会谈，对前苏联做出了巨大的妥协。

用计不精的伊军

在海湾战争中，多国部队于1991年1月17日发起代号为“沙漠风暴”的战略轰炸。首先袭击了伊方的机场、雷达设施和导弹发射基地，取得了绝对的制空权；与此同时，还袭击了伊方的指挥中心和通讯设施，破坏了伊方的指挥系统。几天之后，又重点空袭了伊方的化学武器工厂、仓库、桥梁和交通运输干线等战略目标，削弱了伊方的军事实力并切断了军事供应线。接下来的空袭重点便是伊军的前线部队，其主要目的是摧垮躲在掩体里“以逸待劳”的伊拉克部队。结果，经过三十八天的轰炸阶段，多国部队出动飞机近十万架次，造成了伊军军事系统的严重瘫痪，并有百分之五十以上的伊前线部队被摧毁。

◎藏兵洞◎

这种藏军设施，在古代战争中具有十分重要的作用。

2月24日凌晨四时，多国部队又采取声东击西战术，发起代号为“沙漠军刀”行动的地面进攻。多国部队把大批兵力和军用物资空投到伊拉克南部纵深地区，很快切断了伊军的退路。装甲部队从伊军侧面迂回进发，包抄了在伊科边界地带的伊军的精锐部队共和国卫队，同时向南包抄，形成了南北夹击之势，意在全歼伊军的二十四师，从而使伊军的损失很大。

伊拉克采用的似乎也是“以逸待劳”的战法，即防御战术。但伊方所用的是消极防御，而不是积极主动地寻找战机，这实际上违背了以逸待劳的用兵法则。

由此可见，只是消极被动地等待，决不是“以逸待劳”的本来含义。

第五计 趁火打劫

原文 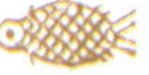

敌之害[1]大，就势取利。刚决柔也[2]。

注释<<<

①害：灾害、祸患、困难。

②刚决柔也：出自《易经·夬》卦："彖曰：夬（guài），决也，刚决柔也。"这里指处在稳定、强盛的一方，应把握有利时机，果敢决断，消除犹豫不决所带来的忧患。

译文 

当敌方发生严重危机的时候，就要乘势发兵战而胜之。这正是强者战胜困境之敌而采取的重要决策。

评点 

"趁火打劫"一语，其原意谓：趁别人失火，一片混乱，无暇自顾的时候，去抢人家的财物。此计用于军事方面是指：当敌方发生危机的时候，就要果断出击，以争取迅速取胜。《十一家注孙子·计篇》有云："利而诱之，乱而取之。"其杜牧注曰："敌有昏乱，可以乘而取之。"讲的就是这个道理。

古人认为，敌方有内忧，便趁机占领它的国土；敌方有外患，便趁机劫掠他的民众；敌方内忧外患交迫之时，这便是吞并它的国家的最好时机。

经典案例

勾践就势取胜

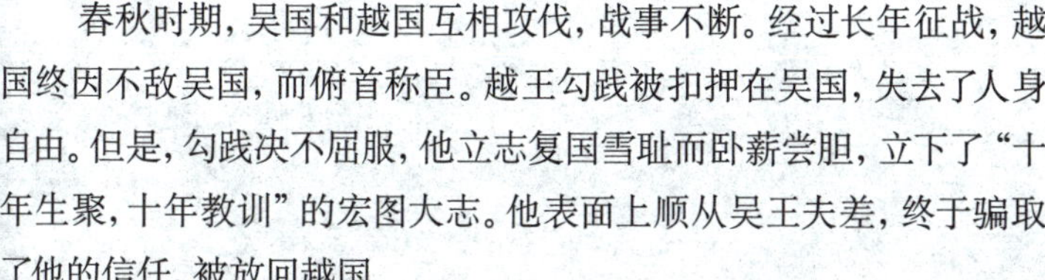

春秋时期，吴国和越国互相攻伐，战事不断。经过长年征战，越国终因不敌吴国，而俯首称臣。越王勾践被扣押在吴国，失去了人身自由。但是，勾践决不屈服，他立志复国雪耻而卧薪尝胆，立下了“十年生聚，十年教训”的宏图大志。他表面上顺从吴王夫差，终于骗取了他的信任，被放回越国。

勾践回国之后，依然臣服吴国，年年进献财宝，以麻痹夫差。在国内，勾践则采取了一系列富国强兵的措施。经过数年的发愤图强，越国的实力大大加强了，人丁兴旺，物丰给足，人心稳定。而吴王夫差却被胜利冲昏了头脑，被勾践的假象所迷惑，从没把越国放在眼里。他骄横跋扈，拒纳谏言，杀死了名将忠臣伍子胥，重用奸臣，闭目塞听；他生活淫乱，奢侈无度；他加紧搜刮，大兴土木，搞得民穷财空。

公元前473年，吴国几乎颗粒无收，弄得民怨沸腾。而正在此时，吴王夫差又北上会盟，以谋取霸主地位。越王勾践认为时机已到，便举兵伐吴。而吴国内部空虚，无力还击，很快就被越国打败。

勾践的这次取胜，正是乘敌方内部的危机而就势取胜的典型战例。

清兵趁乱入中原

明朝末年，李自成领导的起义军攻陷京都，崇祯皇帝跑到煤山，在一棵老槐树上自缢而死，李自成自称为帝。当时，起义军在京城内到处火烧明朝大臣的宅院，抢掠富贵人家的财宝，搜捕皇亲国戚及其余党，搞得人心惶惶，鸡犬不宁。

李自成称帝后，将明将吴三桂的爱妾陈圆圆抢去，而后又将吴三桂的老父吴骧关押起来，以此胁迫吴三桂投降。

吴三桂乃明朝名将，统领十万人马镇守边关，抵御满族的入侵，此时接到父亲发来的劝降书，得知李自成已在京都称帝，定国号为“顺”，自忖大势已去，意欲归降。正在回信写降书之时，逃难的家僮

◎越王勾践剑◎

◎崇祯皇帝自缢处◎

从京城赶来。

吴三桂问："家里的情形怎样？"

家僮大放悲声地说："老主人已经被下进了大牢。"

吴三桂不以为然地说："这无妨，我这一封书信过去，老人家立刻就会出狱的。"

吴三桂又淡淡地问："夫人呢，她现在何处？"

家僮顿时禁住了哭声，嗫嚅着说不出话来。

吴三桂一见此情，心中焦躁，厉声喝道："她究竟怎样，你可照实说来，我不怪你，倘若有半句假话，我定不饶你。"

家僮涕泪横流地说："是小的们不中用，没能保护好夫人，夫人早已于半月前被叛军抢去，现在押在李自成宫中。"

"气死我也！"吴三桂怒发冲冠，拍案而起，"嗖"地一声拔出剑来，将书案劈下一角。"夺妻之仇，押父之恨，此仇此恨不报，枉活人世。不杀李自成誓不为人！"

吴三桂将原本已写好的降书撕得粉碎，然后重新铺开纸张，他在给吴襄信中写道："父既不能为忠臣，儿安能为孝子？……"

此时的吴三桂已经把国家大业弃之脑后，心里头想的都是如何报一家之私仇了。

他一边操练人马，准备回师讨伐，一边暗地进行部署和谋划。风闻闯王有雄兵四十余万，猛将如云，谋士如雨，自己只有十余万大军，兵力单薄，未必是义军的对手，怎么办？

被仇恨之火煎熬得失去了理智的吴三桂，把救助的目光瞄向了昔日的死对头，自己领兵为将以来一直与之死战的满清军队。

那时满清顺治帝即位，因年方七岁，一切军机大事皆由摄政王多尔衮做主。多尔衮见中原烽火不断，明王朝与义军正在火拼，早就想趁火打劫、混水摸鱼了，只是慑于吴三桂精兵十万镇守边关，因此一直未敢轻举妄动。

这一天，多尔衮听说吴三桂来访，他对中原发生的事情也了解个大概，约莫猜测出吴三桂的来意，心中大喜，立刻传令以嘉宾之礼召见。

多尔衮见吴三桂眉头紧锁，便明知故问地说：“吴将军驾临，不知有何见教？”

吴三桂经过一番痛苦的思想斗争后，终于横下一条心：宁可落个万世骂名，也要先解心头之恨。于是便直截了当地说：“明清两国，世通修好，当年清国内部自相侵扰，我明朝也曾发兵相助过。今日我朝不幸，盗贼横行，京都沦陷，君王晏驾，百姓涂炭，此仇此恨，不共戴天。勤王起师，原是我辈本分，怎奈本将兵微将寡，难挡乌合之众。清国如尚念邻邦之谊，亦应举国发兵，助我一臂之力。”

◎闯王玉玺◎

多尔衮久欲入侵中原，只是苦于边关有精兵悍将当道。如今，非但面前关隘皆除，且自己竟成堂堂正义之师，内心狂喜。但脸上却故现难色，推搪拒绝地说：“贵国内乱，按说应尽邻邦救援之谊，只是我国国小力弱，恐救助不成，于事无补，将来反自受其累，落得千古骂名。此事乃本军力所不及，实难如愿，请将军多多谅解。”

吴三桂苦苦哀求着说：“贼虽然人数很多，但都是乌合之众，只要贵国肯出兵相助，岂有不奏凯歌之理。”

但多尔衮就是不轻易松口。

这样谈谈扯扯，转眼已是半月，多尔衮虽然嘴上一

直未说出兵，但暗地里却早已开始秣马厉兵，进行作战的准备了。

待一切都已备妥之后，多尔衮才假惺惺地说："既然将军连番数次恳求，本帅亦被将军忠心所感动，不管我国有多大困难，都以邻国之难为己难，决定出兵相助。"

吴三桂闻言大喜，立即回来收拾兵马，与多尔衮的清军合兵一处，浩浩荡荡穿过山海关，向着中原大举杀来。

行至一片石积如山的地方，清军与义军相遇，双方进行了激烈的搏杀。战斗结果，义军大败，清军乘胜追击，几天之间便直捣京都，李自成只好弃城西遁。清兵占据了京都后，完全把当初相助的许诺抛到一边，竟然大大方方当起皇帝来，从此中原大好河山，尽归满人之手。

李自成领导的义军被平定之后，清军又挥戈向着明朝的官兵杀来，血屠扬州七日，杀得满城老幼无存。再血洗嘉定，一城男女全遭屠戮，明王朝的遗臣或被收买，或被杀害。中原人民罹难之惨，牺牲之多，死伤之重，均为史所罕见。

至此，吴三桂见大罪铸成，悔之晚矣，他也只好为虎作伥，成为清军的一个马前卒。当大好河山尽归清兵之后，清王朝怕他谋反，将他封了个平西王，让他偏安一隅，做他的地头蛇去了。

多尔衮给史可法的信中说："国家之抚定燕京，乃得之于闯贼，非取之于明朝也。"

在我国历史上，这是最为典型的趁火打劫案例。

阎锡山见机渔利

阎锡山的一生一直把"中"字看作是做人的准则，这一人生哲学决定了他处世圆滑，善于在夹缝中生存。但他一旦看准了目标，看准了形势，也是很会"趁火打劫"的。他曾以趁火打劫为谋计，成功地打败了直系军阀吴佩孚。

辛亥革命后，阎锡山一直在夹缝中生存，但他练就了看风使舵的本领。当时，对阎锡山有直接影响的军事力量有以张作霖为首的奉系军阀，以段祺瑞为首的皖系军阀，以吴佩孚为首的直系军阀等。第一次直皖战争结束后，直系军阀打败了皖系军阀。曹锟和吴佩孚掌握了北京权力，阎锡山急忙通电表示支持，曹锟落选，山西方面也给报销五十万元巨资。1924年9月又爆发了第二次直奉战争，在这次战争快要结束的时候，阎锡山加入了反直阵线。

阎锡山为什么要加入反直阵线呢?他要借此趁火打劫。

战争开始之前，张作霖、段祺瑞、吴佩孚三方都派代表到山西与阎联络，阎只是应付，不作肯定的表示。他并且告诫部下：“无论哪方面的代表来了，都不要说太肯定的话。我不表示意见，你们也不要表示。”

1924年9月5日，张作霖发表通电，正式向直系宣战，他把军队编成六个军，总兵力达十七万，进犯山海关。第二次直奉战争爆发了。9月22日，直系军队的前沿阵地朝阳被奉军攻破，奉军乘胜追击，直逼凌源。26日，直奉两军在延平展开激战，直军死伤共有两千余人。奉军张宗昌部攻克了凌源。9月8日，奉军第一军副军长韩麟春率敢死队三千人脱去上衣，赤膊督战，与直军白刃拼杀。双方伤亡惨重，三千人中战死两千多人。9月9日奉军攻占赤峰。17日，又攻下石门寨。吴佩孚向秦皇岛败退，而直系后方仍有强大的军事力量可沿平汉线增援。19日，冯玉祥在滦平发动政变。

阎锡山看时机已经成熟了，他要借机趁火打劫了。

◎阎锡山旧居◎

当时，直系在河南有冠英杰部五万大军，还有湖北的萧耀南的队伍，他们如果率部沿平汉线北上增援的话，吴佩孚则很可能转败为胜。而阎锡山以前屈从在吴佩孚的手下，认为吴佩孚“逼人太甚，在他底下干事，困难得很”。如今吴佩孚兵败如山倒，正是倒戈的好时机。于是阎锡山派兵进驻石家庄，切断了平汉线，使直系援军难以北上，最后以彻底惨败而告终。

前苏联趁火打劫

阿富汗是前苏联南下印度洋的便捷之地，它曾因前苏联长期插手而动荡不安。1979年4月，塔拉基通过政变上台后，因其统治集团内部争权夺利，互相残杀，使国内局势更不稳定。与其相邻的伊朗等波斯湾地区的国家，当时因美国的插手也危机四伏。前苏联把这种局势看作是实行其南下战略的天赐良机。于是，前苏联便以援助阿富汗总统阿明镇压游击队和保卫阿富汗首都安全为由，趁火打劫，出兵阿富汗，陈兵喀布尔，迅速控制了阿富汗最大的空军基地巴格兰姆。

第六计 声东击西

原文

敌志乱萃①，不虞②，坤下兑上③之象。利其不自主而取之。

注释

①乱萃：像杂生的野草一般乱作一团。见《易经·萃》卦：“象曰：乃乱乃萃，其志乱也。”

②不虞：始料不及、意料不到。

③坤下兑上：指《易经》的萃卦。坤象征地，兑象征泽，坤下兑上，意思是高出地面的积水必然要溃决。寓意着混乱的军队注定要失败。

译文

当敌方出现因军心动摇而混乱不堪，并出现始料不及的困境之时，这便是《萃》卦所显示的“坤下兑上”的混乱征兆。必须利用这一颓势，迅速把它消灭。

评点

“声东击西”其意谓：我方声称击东，实际上为攻西，即打即离，制造假象，从而巧妙地使敌方做出错误的判断，然后乘机一举将敌歼灭。语出《通典》卷一五三《兵》六：“声言击东，其实击西。”及宋代张纲的《华阳集》卷十五《乞修战船札子》：“况虏情难测，左实右伪，声东击西。”这一计谋必须以敌方的判断失误为前提，若敌方不被假象所迷惑，将计就计，其危害大矣。

古人认为，运用声东击西这一计谋，必须首先视敌方指挥的意向而定。当敌方的意向混乱之时，运用此计便能成功；否则，却有战败之虞。所以，这的确是一条险计啊！

经典案例

班超计胜强敌

东汉时期，班超出使西域，其主要用意是联合西域各国共同抗击匈奴。为此，必须首先打通南北通道。地处大漠西边的莎车国，却煽动周边小国归附匈奴，以反对汉朝。

班超决定首先平定莎车国，莎车国王遂向龟兹国求援。龟兹国王遂率五万人马，前来援救莎车国。班超便联合于阗等国，但只募集兵力二万五千人，敌众我寡，难以力克，必须智取。于是班超定下声东击西之计，以迷惑敌人。班超派人在军中散布对他的不满言论，制造不敢与龟兹较量，准备立即撤退的假象，并且故意让莎车俘虏听得一清二楚。一天的黄昏之时，班超命于阗大军向东撤退，自己率部向西退却，还显得慌乱异常，故意让俘虏趁机逃脱。俘虏逃回莎车国后，急忙报告汉军慌忙逃脱的消息。龟兹王大喜过望，误以为班超此举是因惧怕而慌忙逃窜，想借此机会，前去追杀班超。他立即下令兵分两路，追击逃敌。龟兹王亲自率一万精兵向西追杀班超。

而班超却胸有成竹，趁夜幕笼罩沙漠之机，撤退仅有十里地，大队便就地隐蔽。龟兹王求胜心切，率领追兵从班超隐蔽处飞驰而过。班超立即集合队伍，与事先约定的东路于阗人马，迅速回师，杀向莎车追兵。

班超的队伍如同从天而降，杀得莎车猝不及防，便迅速瓦解了。而莎车王惊魂未定，逃脱不了，只得请降认输。而龟兹王气势汹汹地追赶了一夜，却未见班超队伍的踪影，又听到莎车已被平定的消息，只有收拾残部，悻悻地回龟兹去了。

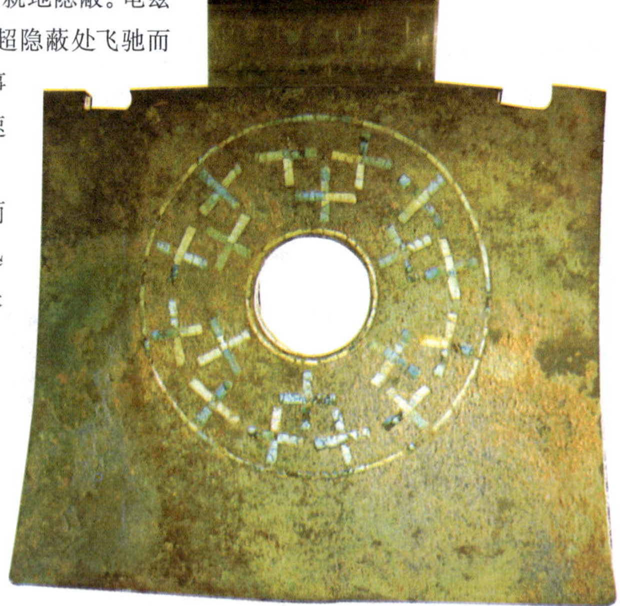

◎镶嵌十字纹方钺◎

此器方形平刃，阑旁有两方孔，似用于皮条捆扎。器物中心有一圆孔，其周围用绿松石镶嵌十字纹六组，纹饰较为特殊。

郑成功声东击西收台湾

◎郑成功收复台湾◎

台湾被荷兰殖民者统治数十年，民族英雄郑成功立志收复台湾。1661年4月，郑成功率二万五千将士顺利登上澎湖岛。但是要占领台湾岛，赶走殖民军，必须先攻下赤嵌城(今台南安平)。郑成功亲自寻访熟悉地势的当地老人，了解到攻打赤嵌城只有两条航道可进：一条是攻南航道，这条道港阔水深，船只可以畅通无阻，又较易登陆。荷兰殖民军在此设有重兵，工事坚固，炮台密集，对准海面。另一条是攻北航通，直通鹿耳门。但是这条航道海水很浅，礁石密布，航道狭窄。殖民军还故意凿沉一些船只，阻塞航道。他们认为这里无法登陆，所以只派少量兵力防守。郑成功又进一步了解到，这条航道虽浅，但海水涨潮时，仍可以通大船。于是决定趁涨潮时先攻下鹿耳门，然后绕道从背后攻打赤嵌城。

郑成功计划已定，首先派出部分战舰，浩浩荡荡，装作要从南航道进攻。荷兰殖民军急忙调集大批军队防守航道。为了迷惑敌人，郑成功的部队声威浩大，喊声震天，炮火不断。这样，郑成功非常成功地把殖民军的注意力全吸引到了南航道。北航道上一片沉寂，殖民军以为平安无事。趁南航道激战正酣，在一个月明星稀之夜，郑成功率领主力战舰，神不知，鬼不觉，在海水涨潮时迅速登上鹿耳门，守军从梦中惊醒，发现已被包围。郑成功乘胜进兵，从背后攻下赤嵌城，荷兰殖民军狼狈逃窜，台湾重又回到祖国怀抱。

粟裕造假象歼敌

粟裕大将，善于用兵，精通诈术，虚虚实实，真真假假，令敌畏怯。他的用兵格言是：“对敌多施欺诈手段，应该极尽欺诈之能事。”

在解放战争的著名的莱芜战役中，他成功地运用“声东击西”计谋，把老谋深算的对手陈诚打得一败涂地。

当时，陈诚是国民党军的最高指挥官。他采用南北夹击战术，命欧震率领八个整编师，由南向北，命李仙洲率三个师由北向南，妄图把我军夹击于沂蒙山区。

◎剑门关◎

古称天下雄关，为蜀道中最险要的关口。剑门有七十二峰，高大险峻，关的两侧是青石峭壁，只中间有五十公尺宽，两公里长的一条孔道，公路恰从其间通过。诚为“一夫当关，万夫莫开”。

粟裕决定先把北线的敌人吃掉。为此要制造假象，迷惑敌人，他命令第二、第三两个纵队在临沂及其以南地区采取扩大正面防御，构筑三线阵地，摆出决战的架势，以造成我军主力仍在临沂一带的假象，引诱敌人进行节节阻击。

粟裕的这种“声南”的计谋，迷惑了国民党军政要员，国民党中央宣传部长彭学诚声称：“攻占临沂为国民军在鲁南决战的空前大胜。”

粟裕还亲自部署兖州附近的地方武装，积极进逼兖州，并在运河上架设桥梁，声言要与刘邓的中原部队会合，造成我军主力西渡运河的态势。

◎玉剑首◎

敌军攻下临沂之后，陈诚在徐州说："陈毅残部(即陈粟兵团)迭经重创，已无力与国民军决战，企图偷渡运河，欲与刘邓会合。国民军正在追剿中，山东大捷指日可待。"

陈诚完全被粟裕制造的假象迷惑了，我军向北运动，被他看作是继临沂失守之后的大溃逃。陈诚完全中了"声东击西"之计。

坐镇山东济南的王耀武是一只老狐狸，他看出我十几万大军向西北方向运动的意图，深怕被我军歼灭，慌忙调整部署，急令北线部队后缩。为了进一步迷惑陈诚，粟裕命令我军先头部队不要打击正在后缩的王耀武部队。

陈诚对王耀武不听从他的指挥，十分恼火。他电令王耀武把已经后缩的部队，立即转向莱芜、新泰进击。王耀武不敢违抗军令，于是，已经逃出我军包围圈的敌军，又钻进我军预设的口袋阵里。结果，粟裕一声令下，把敌人打得全面溃败。

莱芜战役的胜利表明，粟裕"声南击北"，巧作部署，把陈诚搞得混乱不堪，使他看不透我军制造的假象，严令部队往我军的口袋阵里钻，以惨败而告终。这正是粟裕大将用兵的高明之处。

英军计取马岛

1982年4月至6月，英国军队和阿根廷军队在马尔维纳斯群岛展开了一场激烈的争夺战。阿军首先占领了马岛，并占有天时、地利、人和之利。英军经过长途跋涉之后，采用声东击西之计，夺取了战争的胜利。

英军先在马岛南部制造声势，以造成要在南部的斯坦利港、古斯格林和狐狸湾等处登陆的假象。阿军见英军的航空母舰、驱逐舰、护卫舰均调往岛的南部，便误以为英军真的要从南部进攻，于是，就集中兵力加强对南部的防守。这时，英军乘机在阿军防守薄弱的北部圣卡洛斯抢滩登陆，击败了阿军，攻占了马岛。

第二套 敌战计

第七计 无中生有

原文

诓①也，非诓也，实其所诓也。少阴、太阴、太阳。

注释

①诓：欺骗、欺诈、迷惑。见《草庐经略·诓敌》：“两敌相仇，言不足信。其信之者，必愚将也。惟智将不为人所诓，而能诓人焉。”

译文

无中生有虽然是用假象诓骗敌方，但又不完全是运用假象，而是虚实并用，从无到有。利用敌方所产生的错觉，假象反而能够掩盖真象。

评点

“无中生有”其意谓：本无其事，虚拟成真。用在军事方面则指的是：用假象迷惑敌人，使之上当之后，再于假象掩盖之下采取真实行动，使敌人由于判断失误而导致行动的失误，从而被打败。《老子本义》下篇：“天下万物，无生于有，有生于无。”《尉缭子·战权》：“战权在乎道之所极：有者无之，无者有之。”运用此计要注意两点：第一，敌方指挥官性格多疑，过于谨慎的，此计易于奏效。第二，要抓住敌方思想已经迷惑不解这个机会，迅速变虚为实，变假为真，变无为有，出其不意地给敌以重创。

古人认为，无中显示有，这是一种骗局。但是骗局不能持久，容易被人识破，所以不能总是保持无，而是要弄假成真，由虚转实。所以，靠无，不能打败敌人；变无为有，才能打败敌人。

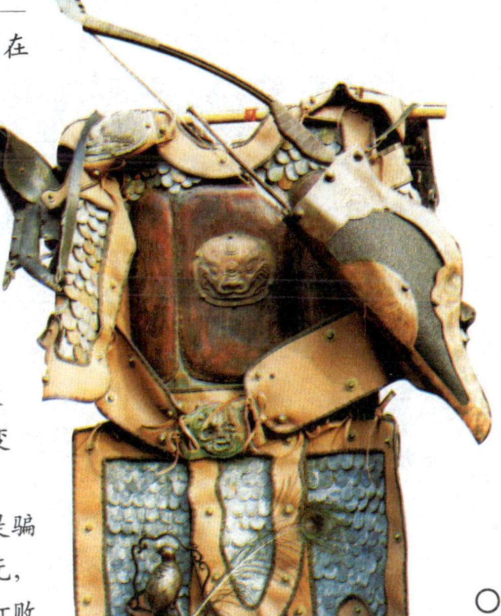

经典案例

张巡计保雍丘

唐代安史之乱时期，许多地方官吏纷纷投向安禄山、史思明。而唐将张巡却忠于唐王朝不肯投敌。他率部三千人，死守孤城雍丘(今河南省杞县)。安禄山派降将令狐潮率四万人马围攻雍丘城。面对敌众我寡之势，张巡虽取得几次出城突袭的小胜，但怎奈城中的箭支越来越少，赶造不及。没有箭支，很难抵挡敌军攻城。张巡这时突然想起三国时期诸葛亮草船借箭的故事，立即心生一计，急命军中搜集秸草，扎成千余个草人，将草人披上黑衣，夜晚慢慢用绳子往城下吊放。夜幕下，令狐潮见状误以为张巡又要出兵偷袭，急命部下万箭齐发，其状如骤雨。张巡轻而易举地获取了数十万支箭。天亮之后，令狐潮方知已经中计，气急败坏，叫苦不迭。

◎骑马人物图 唐代◎
图中画二位骑马人，前者为主人，后者为仆人，马后有树和花。此图造型准确，用笔自然流畅，似中原北方唐墓壁画风格，应为盛唐之作。

第二天晚上，张巡又从城上往下吊放草人。众贼见状，禁不住哈哈大笑。张巡见时机已经到来，便顺势吊下五百勇士，敌人毫无察觉。这五百勇士在夜幕掩护下，迅速潜入敌营，打得敌人措手不及，营中顿时大乱。张巡借此机会，率部冲出城来，直杀得令狐潮大败而逃，受到重创，只好退守陈留(今河南省开封市东南)。

张巡巧用无中生有之计保住了雍丘城。

前苏联元帅殒命“假档案”

这是第二次世界大战前夕发生的一桩奇特冤案，也是纳粹盖世太保成功地运用“无中生有”这一计谋的结果。

1936年，希特勒羽翼渐丰，战争的阴云笼罩着欧洲。但北面强大的社会主义国家前苏联，使希特勒不敢轻举妄动。如何消弱前苏联的军事实力，扫清独霸世界道路上的障碍，成了德国决策部门尤其是盖世太保亟待解决的重要课题。为此，经希特勒批准，盖世太保头子海德里希制定了一个恶毒的计划。

1937年初春的一个深夜，纳粹德国的国防部大楼里一片漆黑，除了偶尔响起的巡逻哨兵的脚步声外，整座大楼里死气沉沉，毫无半点声息。就在此刻，几名化了装的盖世太保人员偷偷地潜了进来，直奔参谋本部的秘密档案室。经过一番折腾，他们终于找到了代号为“R”的特别处的文件，并从中悄悄抽走了当时的前苏联元帅图哈切夫斯基的档案。

图哈切夫斯基是前苏联红军著名的统帅之一，在十月革命以及后来的保卫苏维埃的斗争中做出过杰出的贡献。他转战南北，所向披靡，是一名“常胜将军”，被前苏联人民誉为“红色的拿破仑”。从1921年起，他就出任军事学院院长、红军总参谋长等要职，1935年，被首批授予“前苏联元帅”军衔。十月革命胜利后，新生的苏维埃政权为了恢复和发展自己的国力，曾和德国签约结盟，开始只在经济领域，后来，扩大到军事领域，而作为前苏联红军主要领导人的图哈切夫斯基曾多次同德国的军事部门及军官有过接触。因而，德国的国防部里也就自然存有图哈切夫斯基的档案，这并不为怪。然而，图氏哪里知道，一个旨在致他于死地并削弱整个前苏联红军的罪恶阴谋由此发端。

1937年4月的一天，盖世太保柏林总部的一个阴森森的地下室里，盖世太保头子海德里希，脸色阴沉地站在桌子旁，向他身边的几位“专家”交代说：“诸位，我手中拿的是前苏联元帅图哈切夫斯基的档案。有关图氏的出身、经历、讲话语气、书写特点、个人的特长、爱好等均在其中，我受元首的委托将你们召来，就是希望你们充分运用自己的特长，编造一份有关图氏和他的亲信正在同德国最高统帅部的高级将领进行接触，阴谋推翻斯大林独裁统治的假档案、假计划，以便我们从根本上动摇和削弱前苏联统治集团及其庞大的军事力量。顺便说一句，此事关系重

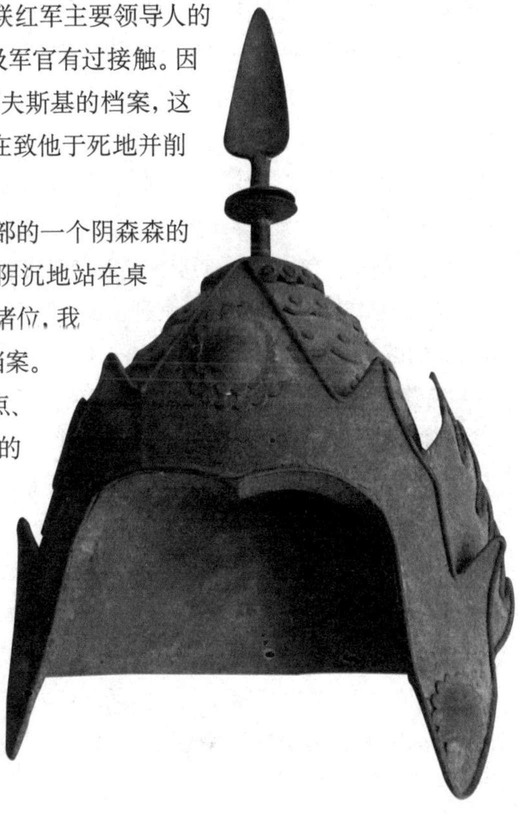

大，除了要求各位精心编造外，任何人不得透露半点风声，否则格杀勿论。”

很快，一份有关图氏的、经过德国专家模仿编造而又无懈可击的假档案搞出来了。档案中有关图氏的笔迹、说话的语气乃至图氏的个人签名都惟妙惟肖、难辨真伪。几天后，案卷送到了希特勒手中，他看后大为赞赏，指示海德里希尽快将“炸弹”扔到前苏联去。

为了将档案内容透露到前苏联去，并让前苏联人相信这份编造的档案的确是真的，海德里希颇费了一番心思。他首先让人“无意”地向捷克斯洛伐克驻柏林公使马斯特内透露，德国人正在同前苏军中一个反斯大林集团进行接触，柏林在等待着莫斯科政府的更迭。马斯特内得知这一“消息”后，即刻向总统贝奈斯发电做了汇报，而当时的捷克正面临着法西斯德国要侵吞它的苏台德地区的情况，因此，贝奈斯希望前苏联能够站在他们一边，为捷克说话。于是，贝奈斯及时将这一重要“情况”告知了前苏联驻布拉格大使亚历山大·罗夫斯基。而这位前苏联大使则又急急忙忙地飞回莫斯科向斯大林做了汇报。

为了使斯大林相信这个“情报”的准确性，海德里希又让在法国的盖世太保散布，纳粹德国的武装力量正与前苏联红军达成某种协议，而此事终于“巧妙”地传到了法国总理达拉第的耳中。在巴黎的一次外交官招待会上，达拉第将前苏联驻法大使悄悄拉到一旁，惶恐地问道：“有消息表明莫斯科可能会改变政治方针，纳粹武装力量也要同前苏联红军达成某种协议，阁下是否能澄清这些令人担心的谎言呢?”

前苏联大使波特金闻言大吃一惊，但他毕竟是一位老练的外交官，他灵机一动，用几句无关紧要的闲话搪塞了过去。但他心急如焚，十分钟后，他便离开招待会，匆匆返回大使馆，以加急密电向莫斯科报告了他听到的上述情况。

海德里希为了把这出戏推向高潮，他派自己的心腹、元首卫队头目贝伦斯前往布拉格，与捷克总统的私人代表进行了接触，向其出示了几份图哈切夫斯基的“罪证材料”，贝奈斯总统又立即将此情况通报给了斯大林。于是，在极短的时间内，前苏联驻柏林大使馆的官员和前苏联间谍机关(内务人民委员会)头目叶若夫的代表找到了党卫军的门上，用三百万卢布“买”走了那份德国专家精心编造的假档案。

1937年6月1日，前苏联塔斯社发表了一条震惊世界的消息：前苏联元帅图哈切夫斯基及其他七位高级将领，因犯间谍罪而受到军事法庭审判，所有被告均已被枪决。

图哈切夫斯基这位出色的前苏联军事领袖，被纳粹盖世太保无中生有的奸计所杀害，年仅四十四岁。

元帅的骗术

在1942年10月的阿拉曼战役中，蒙哥马利元帅成功地运用“无中生有”计谋，指挥欧洲盟军击败德国军队，夺取了很大的胜利。

隆美尔是德军的著名将领，人称“沙漠之狐”。他用大约五十万枚地雷，设置了一系列地雷带，在北部和中北部的防线上，设置了两条大致平行的地雷带，并以防御据点所形成的“分割墙”连接南北两面的主地雷场，其间隔为四五公里，造成一连串的空白地区。设置这些空白区的目的，是为了给突破部队造成陷阱，因为进攻部队突破第一地雷带之后，将被迫向“分割墙”的左边或右边通行。

10月6日，蒙哥马利根据战场情况，放弃以前代号为“轻步”的计划，提出另一计划，代号仍为“轻步”。他解释说：“过去一般公认的原则，是现代战役计划应当首先着眼于消灭敌人的装甲部队，一旦这项任务完成了，敌人的非装甲部队就很容易对付。我决定把这个原则颠倒过来，先消灭敌人的非装甲部队。在这样做的时候，我暂时不打它的装甲师，留待以后再收拾它。”于是，他准备让坦克屏护队向前推进，堵住敌人地雷通道的西部出口，用“粉碎性”打击法，有条不紊地消灭敌防区内的步兵。敌装甲部队不可能眼巴巴地看着非装甲部队逐步被消灭而按兵不动，它们将进行猛烈的反击。而这一举动便正好撞上第八集团军严阵以待的装甲部队。

蒙哥马利说：“粉碎性作战行动是在一系列坚定的基础上周密地组织起来的，而且也是在我军力所能及的范围之内。”及早组织坦克屏护队显然是这种作战方法的关键之所在。蒙哥马利甚至在扫清地雷通道之前，就命令第十军的装甲师紧随第三十军各先头步兵进入这条通道。此外，他还命令，如果在发动总攻击的第二天，即10月24日，通道还未完全扫清，各装甲师必须自行扫清，以便于快速进入开阔地带。

一切布置停当之后，为了使敌人摸不清第八集团军发动进攻的时间和地点，蒙哥马利决定实施代号为“伯特伦”的欺骗性的计划，其核心就是运用“无中生有”计谋。整个欺骗活动是在全集团军的范围内进行的。除了采取传播能够迷惑敌人的假情报之外，主要是从视觉上制造假象来欺骗敌人。

首先是伪装前沿地带巨大的弹药和其作战物资的堆集场所。例如，离阿拉曼车站不远，就有一个大的堆集场地，可储存补给品六百吨、油料二千吨和工程器材四百二十吨。场地在露天，但伪装得很好，除了偶尔有一些坑坑洼洼之外很难看出它的原貌。

其次是用假车辆扮成坦克和其他战车，使敌人对大量战车在阵地上集结逐渐习以为常。10月1日，这些假卡车以及大炮、其他武器牵引车等都要进入阵地。到了发动进攻的前一天，当参战的各师集结的时候，要在夜里把各种假车辆一律换成真正的战车。在后续部队所在地，则用假车代替开往前沿阵地的真车。这样做完全是为了应付敌人的高空照相侦察。早在总攻日的前一个月，就为参加突击的步兵挖好了一条细长的战壕，供他们在10月23日即发起总攻的那一天的白天躺卧用，而且这些战壕都伪装得丝毫不露破绽。同时，为了表明主攻可能来自南面，还在那里铺设了长约二十英里的假输油管线。通讯分队模拟将在南面发动主攻的无线电通讯。为了把这些伪装得天衣无缝，只向下层军官传达要发生什么事，而且是在9月28日至10月21日这段时间，按军衔的高低分批传达的。直到最后一天，才传达到普通士兵，并且相随就停止了一切休假和外出活动。

◎绊马钩◎

隆美尔在事后评述这次战役时曾说过这样一句意味深长的话：“在黄昏来临之前的23日那天，过得像阿拉曼前线上的任何一天一样。这一仗在攻击开始之前，就由军需官们开始打了，并且，已经决定了胜负。”

蒙哥马利元帅足智多谋，他巧妙地部署兵力，那些假战车、假大炮、假坦克迷惑了德军。而在攻击开始时，则由假变真，从“无”到“有”，从而夺取了这次战役的胜利。

第八计 暗度陈仓

原文

示之以动，利其静而有主，益动而巽[1]。

注释

①益动而巽（xùn）：益：增加、充满。巽：动、进之意。见《易经·益》卦：“益动而巽，日进无疆。”巽在八卦中象征风，这里是指像风一样无孔不入，攻其不备，出奇制胜。

译文

以正面佯攻显示给敌方，当敌方静态固守的态势已经确定之时，我方便以迂回战术，给以致命一击。

评点

此计出于楚汉相争年代，全称应当是：“明修栈道，暗度陈仓。”其意谓：以正面佯攻、佯动等迷惑手段，伪装攻击线路和突破点。陈仓：地名，在今陕西省宝鸡市以东。《古今杂剧·韩元帅暗度陈仓》：“着樊哙明修栈道，俺可暗度陈仓古道。”

此计是汉代大将军韩信创造的。秦朝末年，由于朝廷政治昏庸、腐败，而造成各路英豪并起，纷纷打起反秦义旗的局面。其中刘邦率部首先攻入关中，攻下咸阳。而势力强大的项羽进入关中后，则逼迫刘邦退出关中。在项羽设的鸿门宴上，刘邦险些丧命。刘邦这次脱险后，只得率部退驻汉中。为了麻痹项羽，刘邦退走时，将汉中通往关中的栈道全部烧毁，表示不再返回关中了。其实刘邦朝思暮想的却是：一定要与项羽一决雌雄，称霸天下。

古人认为，出奇制胜的用兵计谋，来自于正面的攻击。如果没有正面攻击，就不可能有出奇制胜的用兵计谋，这正像不去明修栈道，就不会有暗度陈仓而取胜的道理一样。

经典案例

韩信暗度陈仓

◎古栈道◎

公元前206年，刘邦已经逐步强大起来，便派大将军韩信出兵东征。出征之前，韩信先派出了许多士兵前去修复已被烧毁的栈道，摆出了要从原路杀回关中的架势。关中守军闻讯后，便密切注视修复栈道的进展情况，并派主力部队在这条路线各关口要塞加紧防范，以便拦阻汉军的进攻。

韩信“明修栈道”的举动，果然奏效。由于此举吸引了敌方的注意力，敌方便把主力调往栈道一线。于是韩信立即派大军绕道至陈仓，发动突然袭击，一举打败了章邯，消灭了关中雍王、塞王、翟王，平定了三秦，占据了关中，为刘邦统一中原迈出了决定性的一步。

关羽大意失荆州

三国时，自从刘备“借”去了荆州，孙权一直耿耿于怀，将夺取荆州的重任交给了吕蒙。吕蒙得知镇守荆州的关羽正在讨伐曹操的

樊城，但还留下部分兵力驻守后方，于是决定装病回建业，为的是让关羽听说这消息后，撤掉后方兵力，全部开赴樊城，到时自己的大军走水路，乘船昼夜逆流而上，乘他不备，袭取他的空虚所在。

于是，吕蒙得了“重病”，孙权公开发布文书征召吕蒙回建业。关羽果然相信了，逐渐撤掉后方兵力开赴樊城，拿下了樊城，得意忘形。

孙权见时机成熟，派吕蒙带精兵全部埋伏在大船中，让人穿上白衣装作老百姓的样子摇橹驾船，船上坐的人都是商人打扮，昼夜兼程，直捣敌人后方，把荆州顺利地夺回，并且活捉了败走麦城的荆州守将关羽。

◎关羽画像◎

和珅施计

清朝乾隆年间的和珅是有名的大奸臣，深受乾隆宠爱，掌握朝中实权。在当权期间，和珅收受的贿赂不计其数。有一年陕西抚台派人押送二十万两白银来到和珅的府第。和珅府上的人问道：“送的什么东西?”护送的人回答：“足色纹银。”和珅的家人连看都不看一眼，说道：“这样的粗货在哪里放!堆到外库去吧。”和珅府上听差的都不愿意收银子这样的“粗货”，可见其贪赃的程度。有些抚台知道和珅喜爱各色珍宝，就广泛搜罗奇异珍宝，以讨好和珅，以致皇帝国库里没有的珍宝，他家的库里倒有。

有一次，七阿哥不慎打破了一个碧玉盘，怕父皇怪罪，急得没法，他的异母姐姐和孝公主根据别人的指点，来请和珅帮忙。和珅起初不管，后来七阿哥送来一串珍珠，和珅才把自己家的一个拿出来给他，让他换上。

和珅不但喜欢收礼，而且对送礼也有研究。他送礼只有送给皇上，可是皇上什么都不缺，在别人看来简直没有办法送礼。但这却难不倒和珅，他仍能曲径通幽，找出门路来。

和孝公主是乾隆第十个女儿，也是最小的一个，乾隆非常疼爱她。十公主性格和力气都不像一般的女孩子，她性格刚毅，据说十多岁就能拉开十石的硬弓。小的时候，她常常女扮男装，跟着父皇外出打猎。乾隆微服私访时，她也扮成男孩跟着去。乾隆对他这个小女儿特别喜欢，对她提出的要求百依百顺。和珅为了讨好乾隆，就想方设法讨好这位十公主。

有一次，乾隆去圆明园游玩，和珅随驾，十公主也女扮男装一起前往。乾隆年间，每到新年，圆明园中设有一条买卖街。这条街上，凡一切应用之物，应有尽有。和珅跟随乾隆和十公主来到买卖街，并一边走一边看小公主喜欢什么。走到一家店铺门前，见有一件大红呢夹衣摆在那里。十公主看了，微微露出些喜欢的神色。十公主脸上这细微的变化，一般人不会看得出来，可没有逃过和珅这双善于察言观色的眼睛。转眼之间，他就去以二十八两黄金的高价把那件衣服买了下来，进献给公主。和珅知道，博得了十公主的欢心，也就是博得了乾隆的欢心。

和珅还用小恩小惠，收买在乾隆身边的一些太监。太监虽然地位低下，但他们天天进出宫中，可以与皇帝皇后经常接触。他们无意间的几句话，有时也在皇帝和皇后面前会起很大的作用，工于心计的和珅深谙此道。

和珅这样的大贪官，之所以一直备受乾隆的宠爱，就在于他工于心计，头脑机敏，善于利用各种途径和渠道博取乾隆的欢心。

在人际交往中，迂回曲折的方式、暗度陈仓的计谋也经常被人们所使用，这往往有事半功倍的奇效。

第九计 隔岸观火

原文 

阳乖①序乱②，阴以待逆。暴戾恣睢③，其势自毙。顺以动豫，豫顺以动④。

注释<<<

①乖：违背、背离、抵触。

②乱：混乱、暴乱。

③暴戾恣睢：残酷暴虐，相互残杀。

④顺以动豫，豫顺以动：见《易经·豫》卦："豫，刚应而志行。顺以动豫，豫顺以动。"意思是顺应事物自然变化规律，自然会于己有所得。如果想必然于己有所得，就必须顺应其变化规律。

译文 

当敌方内讧趋于表面化、激烈化的时候，我方便静观以待；敌方内部的反目为仇、厮杀争斗，势必自取灭亡。我方就顺势而为，相机而动，以加速它的灭亡。

评点

此计的要点是：不介入敌方内部互相残杀、自相火并、互相倾轧等激烈的矛盾冲突；对此应坐以静观，相机而动，从中渔利。这与"坐山观虎斗"有相同之处。《十一家注孙子·军争篇》："以治待乱，以静待哗，此治心者也。李筌注曰：伺敌之变，因而乘之。"在实际运用中，要审时度势，根据实际情况灵活运用。

古人认为，当敌方内部自相倾轧之时，如果随意施加压力，就会适得其反，遭到致命的反击；如果远远避开，那它的矛盾就会更加激化。

◎秦杜虎符◎

背面有槽，颈上一小孔，虎作半立走形，昂首，尾端卷曲。

经典案例

赵国隔岸观火退秦兵

战国后期，秦将武安君白起在长平一战，全歼赵军四十万，赵国国内一片恐慌。白起乘胜连下赵国十七城，直逼赵国国都邯郸，赵国指日可破。赵国情势危急，平原君的门客苏代向赵王献计，愿意冒险赴秦，以救燃眉。赵王与群臣商议，决定依计而行。

苏代带着厚礼到咸阳拜见应侯范雎，对范雎说：“武安君这次长平一战，威风凛凛，现在又直逼邯郸，他可是秦国统一天下的头号功臣。我可为您担心呀!您现在的地位在他之上，恐怕将来您不得不位居其下了。这个人不好相处啊!”苏代巧舌如簧，说得应侯沉默不语。过了好一会儿，才问苏代有何对策。苏代说：“赵国已很衰弱，不在话下，何不劝秦王暂时同意议和。这样可以剥夺武安君的兵权，您的地位就稳如泰山了。”

范雎立即面奏秦王：“秦兵劳苦日久，需要修整，不如暂时宣谕息兵，允许赵国割地求和。”秦王果然同意。结果，赵国献出六城，两国罢兵。白起突然被召班师，心中不快，后来知道是应侯范雎的建议，也无可奈何。

两年后，秦王又发兵攻赵，白起正在生病，改派王陵率十万大军前往。这时赵国已起用老将廉颇，设防甚严，秦军久攻不下。秦王大怒，决定让白起挂帅出征。白起说：“赵国统帅廉颇，精通战略，不是当年的赵括可比；再说，两国已经议和，现在进攻，会失信于诸侯。所以，这次出兵，恐难取胜。”秦王又派范雎去动员白起，两人矛盾很深，白起便装病不答应。秦王说：“除了白起，难道秦国无将了吗?”于是又派王陵攻邯郸，数月不下。秦王又令白起挂帅，白起伪称病重，拒不受命。秦王怒不可遏，削去白起官职，将其赶出咸阳。这时范雎对秦王说：“白起心怀怨恨，如果让他跑到别的国家去，肯定是秦国的祸害。”秦王一听，急派人赐剑白起，

◎战国前期曾侯乙匜◎

令其自刎。可怜为秦国立下汗马功劳的白起，落得这样下场。

当白起围邯郸时，秦国国内本无“火”，可是苏代点燃范雎的妒忌之火，制造秦国内乱，文武失和。赵国隔岸观火，使自己免遭灭亡。

曹操坐收袁氏首级

东汉末年，袁绍兵败身亡，他的几个儿子为争权夺利而展开勾心斗角的争斗。曹操决定用计谋击败袁氏兄弟。

袁尚、袁熙兄弟二人投奔了乌桓，曹操便派兵打败了乌桓。而袁氏兄弟又投奔了辽东太守公孙康。诸将向曹操进言，要一鼓作气，平定辽东，捉拿二袁。曹操听后哈哈大笑，说：你等勿动，公孙康会把二袁的头颅送上门来的。于是，下令班师，开回许昌，静观辽东局势的变化。

公孙康听说二袁来降，心存疑虑。袁家父子一向都有夺取辽东的野心，现在二袁兵败，如同丧家之犬，无处存身，投奔辽东而来，实属迫不得已。此时收留他们，必生后患，而且此举肯定会得罪势力强大的曹操。如果曹操来攻辽东，那只能收留二袁，以利于共同抗击曹军。现在，曹操已经回师许昌，并无进攻辽东之意，收留二袁就有害

◎古城墙◎

无益了。于是，他预设伏兵，召见二袁，一举将他们擒住，割下他们的首级，派人送给了曹操。

曹操笑着对众将说，公孙康向来惧怕袁氏吞并他，这次二袁亲自登门请降，他顿生疑心。如果此时我们急于用兵，反会促成他们合力对抗。此时我们退守，反倒会促使他们自相残杀。而这结果，果然不出我的意料。

晋武帝借“火”灭吴

公元263年，曹魏灭蜀。这样，曹魏彻底打破了过去诸葛亮制定的蜀、吴联合，北拒曹魏的战略方针。吴国孤立了。263年，魏国权臣司马炎称帝，是为晋武帝，国号晋，史称西晋。晋代魏之后，继续执行曹操未能完成的统一中国的大业。晋武帝一方面下令在蜀地江岸大造战船，训练水师，为灭吴做了充分准备；另一方面，严密注视着吴国的变化，等待时机。

吴国虽然在三国中是很富足的国家，但是统治集团孙权家族的矛盾繁多，争权夺利，尔虞我诈，争斗不休。宠妻间争当皇后，儿子间争做太子，由此影响到外廷，朝官们也分成拥嫡拥庶两派。孙权只好废太子孙和，立太子孙亮。拥嫡派的陆逊、顾谭(顾雍之孙)、张休(张昭之子)等都受到惩罚，两派的怨恨更深。孙权死后孙亮继位。宗室孙林又发动政变废了孙亮，立孙权第六子孙林。孙林死，经过一番激烈争夺，孙和之子孙皓立为皇帝。

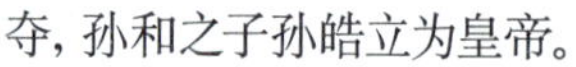

孙皓当了皇帝后，大报旧怨，用剥面皮、挖眼睛、灭三族等酷刑，把家族和大臣几乎杀尽。孙皓不惜动用大量的人力财力迁都武昌(今湖北鄂县)，人民被迫为统治者们搬运财物，大兴土木，劳累不堪。江南的汉人和越人一再起义。孙皓只好被

迫还都建业，长江上游的防御松弛了。晋武帝认为时机已到，大举进攻。三个月后吴就灭亡了。

和平解放长春

1948年6月，在辽沈战役之初，东北野战军包围了长春市。原计划在冬季攻势以后，凭借我军士气高涨、兵多将广之优势，顺势攻克。后来进行了一次试探性的强攻，发现长春共有守敌十余万人，又构筑了坚固的防御工事，强攻很难得手。

于是，我军便率主力南下北宁线，去攻打锦州等地。对长春之敌则采取围而不打、隔岸观火的态势。不久，锦州被我军攻占，致使东北地区的几十万国民党军队从陆路逃向关内的道路被切断。长春变成一座孤城，粮食等补给断绝，仅靠空投来接济，以致敌人为抢粮而发生的火并事件连续不断。锦州失守后，长春之敌更是恐慌万状，市内秩序更加混乱。在我军强大的军事压力和政治攻势之下，敌第六十军军长拒绝执行蒋介石的突围命令，于10月17日率部起义。随后，敌新七军和其他杂牌部队，于绝境中，也都相继投降。我军兵不血刃，和平解放了长春。

前苏联渔利两伊战争

1980年9月22日，伊拉克和伊朗之间爆发了一场旷日持久的战争。前苏联为了从中渔利并在这一地区扩大势力范围，对双方的相互争斗则采取了隔岸观火之计谋，以期坐收渔人之利。

在伊拉克进攻伊朗的前一天，即9月21日，伊拉克副总理塔利库·阿齐兹特使前往莫斯科，与前苏联领导人举行“紧急磋商”，之后，伊拉克便得到了前苏联的二十万吨武器弹药的“支援”。与此同时，前苏联又向支持伊朗的利比亚运去了二十四部SS—12地对地导弹发射架，并通过其他渠道向伊朗提供了一些其他武器。其结果是使两伊战争火上加油，双方两败俱伤，实力大为削弱，进而，双方均在一定程度上依附于前苏联。

第十计 笑里藏刀

原文

信[①]而安之，阴[②]以图之；备而后动，勿使有变。刚中柔外[③]也。

注释

①信：使相信、信任。
②阴：暗地、暗中。
③刚中柔外：指内心暗藏杀机，外表流露出柔顺之意。

译文

要想方设法取信敌人，使它安定、松懈，从而失去戒备之心，而暗中则要做好消灭它的图谋；做好充分准备之后再采取行动，其间，千万不能让敌方察觉到其中的变故。这便是外表温和而暗藏杀机的计谋。

评点

“笑里藏刀”的原意是指一种人品：外表和气，内心阴险，口蜜腹剑。《旧唐书》卷八十二《李义府传》：“义府貌状温恭，与人语必喜怡微笑，而偏忌阴贼。既处权要，欲人附己。微忤意者，辄加倾陷。故时人言：义府笑中有刀。”其作为谋计用于军事上则是指：运用政治外交上的伪善手段，欺骗麻痹对方，来掩盖自己的真实用意，以寻求有利时机而显露杀机，进行发难。

古代兵书上写道：“敌方的言辞谦恭，其实它正在加紧战备；没有订立条约而前来媾和的，准是另有图谋。”所以，凡是敌方强作笑脸、花言巧语，这都是在使用阴谋诡计的具体表现。

经典案例

公孙鞅计取崤山

战国时期，秦国为了对外扩张的需要，要夺取地势险要的黄河崤山一带，便命公孙鞅为大将，率兵前去攻打魏国。公孙鞅率部直抵吴城(在今河南省)。这座吴城是魏国名将吴起苦心经营的，地势险要，工事坚固，很难从正面攻下。

公孙鞅苦心思考攻城的计策，他探知魏国守将是曾与自己有过交往的公子卬，心中暗自高兴。于是，他马上写了一封信函，主动与公子卬套近乎。在信里说，虽然现在我俩各为其主，但回想起我们过去的交情，还是两国罢兵，订立和约为好。怀旧之情，溢于言表。他还建议约定时间会谈议和之事。信送出去，公孙鞅还故意摆出主动撤军的姿态，命令秦国的前锋部队立即撤回。

公子卬看罢来信之后，又见秦军撤退，非常高兴，马上回信约定会谈日期。公孙鞅见公子卬已经钻入圈套，便暗自在会谈地设下伏兵。会谈那天，公子卬带了三百名随从到达会谈地点，他见到公孙鞅带来的随从很少，而且全都没带兵器，就更加相信对方的诚意了。会谈的气氛十分融洽，两人重叙昔日之友情，表达双方的友好情意。公孙鞅还设盛大的宴会来款待公子卬。

但是，正当公子卬兴冲冲入席，还未坐稳之时，忽听一声令下，伏兵从四面包抄过来，公子卬和他的三百名随从反应不及，就全部束手被擒了。公孙鞅利用被俘的随从，去骗吴城之门卫，顺利地占领了吴城。魏国只得割让河西一带，向秦国求和。秦国公孙鞅设下的笑里藏刀的计谋，轻取崤山一带。

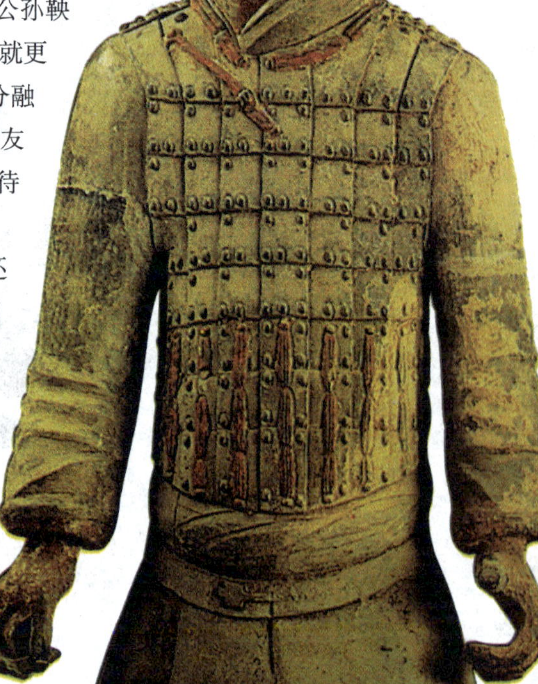

◎秦俑◎

李林甫计谋宰相位

李林甫为唐高祖的堂弟长平王叔良的曾孙，因其善音律，初为负责宫廷宿卫、仪仗的低级官吏，后靠谄媚逢迎的本领，爬上了宰相的高位。当了宰相后，他在与人接触中总装出一副平易近人的样子，使人以为他是一位忠臣，实际上，他的肚子里却藏着毒剑，随时可能伤人。

当时与李林甫同任宰相的张九龄，才能卓著，为官清正。李林甫嫉妒张九龄的才德，总想设计铲除他。玄宗的后宫武惠妃所生寿王、盛王特别受宠爱，而太子瑛被疏远了。李林甫遂在玄宗面前诬告太子等有怨言，并结党营私，图谋不轨。玄宗大怒，欲废掉太子，与张九龄商量。张九龄认为："太子为国本，生长在宫中，受陛下的亲教，并没有过失，皇上不能因自己的喜怒而废掉他。"玄宗听后，大为不悦。李林甫当时在场一言未发，后来却在玄宗宠爱的宦官面前说："皇家之事，何须与别人商量。"言外之意，指张九龄伸手太长，多管闲事。这些话不久就传到玄宗的耳中，玄宗也觉得张九龄太专断，李林甫又趁机在玄宗面前说了一大堆张九龄的坏话。

公元736年，玄宗欲晋升朔方节度使牛仙客。张九龄上奏说："边将训练兵马，储蓄军实，这是分内的工作，陛下奖赏他是应该的，而欲赐以食邑，那就不合适了。"玄宗听罢无言，李林甫当时也未发言，回来却把此话告诉了牛仙客。第二天，牛仙客见玄宗，流泪放弃官爵。玄

◎张果见明皇图◎

图中唐玄宗李隆基(明皇)穿龙袍高坐圈椅中，右方第一人即张果老，白髯高冠，紫衣对坐；地下一箧，启盖斜置，一小白驴从箧中飞奔而出，一童蹲地驱之。

宗仍想加封牛仙客，张九龄据理力争。玄宗非常生气地说："任何事情总是由你决定吗?"张九龄讲，这是自己分内的事，而且牛仙客本是小吏出身，目不识丁而提擢为宰相，是不合适的。李林甫后来暗中向玄宗进言说："天子用人，有何不可?张九龄不过是一个文官，拘泥古义，不识大体，成不了大器。"玄宗因此更加不高兴。

张九龄与中书侍郎严挺关系密切，严挺的前妻离婚后又嫁蔚州刺史王元琰。恰好王元琰被指控有罪，玄宗命严挺等究查，严挺免了王元琰之罪。玄宗把以前的事与此事联系起来，认为张九龄结党，最后罢免了他的宰相职务。

李林甫口蜜腹剑，陷害张九龄，最终达到了自己的目的，取代张九龄任中书令。

杯酒释兵权

宋太祖赵匡胤曾导演过一部"笑里藏刀"的连续剧。

起初，赵匡胤佯装后周忠臣，制造黄袍加身，被众将强拉做皇帝的把戏，在谈笑声中夺得后周江山，建立宋王朝。

赵匡胤建立大宋后，唯恐江山被自己的功臣夺走，于是请故将石守信等人饮酒，酒过三巡，宋太祖说："没有你们的力量，我不可能有今天，我将永远铭记你们的恩德。但是做天子也不容易，别人也想得到这个位置，我现在是夜不安枕啊。"群臣大惊，说："如今天命已定，谁还会有异心?"宋太祖接着说："你们当然不会有这个异心，但假如有一天你们手下的人弄件黄袍披在你们身上，你们不当皇帝也没有生路啊。"石守信等人大惊失色，慌忙请求太祖指条生路。太祖说："你们何不放弃兵权，去过荣华富贵的日子，我们君臣之间，也可免去一些猜忌。"石守信等人听了这番恩威并施的话，第二天便主动提出辞职，请求太祖解除他们的兵权。这样，赵匡胤就在饮酒谈笑之间，巧妙地解除了功臣们的兵权，免去了心头之患。这件事通称“杯酒释兵权”。赵匡胤称帝之初，节度使势力强大，骄横跋扈，难以管制，时称“十兄弟”。赵匡胤把他们十人召来，每人授佩剑一把，强弓一副，良马一匹。然后只身上马，不带卫士，和十兄弟到皇宫外林子中去饮酒。几杯酒后，赵匡胤说：“这里僻静无人，你们谁想当皇帝，杀了我，便可以去登基。”十兄弟被镇住了，一个个不寒而栗，拜伏在地，连声说：“不敢，不敢。”赵匡胤再三催问，他们不敢言语。从此，节度使们对赵匡胤顺从有加。

康熙智擒鳌拜

顺治皇帝去世时，因为康熙皇帝年龄还小，所以遗诏要索尼、苏克萨哈、遏必隆和鳌拜四位大臣辅政，协助处理国家大事，稳定朝中的局面。四位辅政大臣中，鳌拜虽然列于最后，但实际上最有实权。当时，索尼已经年老，虽列首位，但不能制约他人；遏必隆怯弱，追随依附鳌拜；苏克萨哈资历浅、威望轻，虽有心与鳌拜争权，但力不从心。鳌拜自以为战功最多，专横跋扈，言行无所顾忌，上欺幼帝康熙，下压朝中文武，军国大事由他一人独断，广植私党，残害异己。就连康熙也怨声叹道，鳌拜“上违君父生托，下则残害生民，种种劣迹，难以枚举”，所以决心除掉他。

◎康熙画像◎

康熙即位时年仅八岁，但他十分聪明，对朝中的各种事情看得很清楚。他知道，鳌拜遍植党羽，控制着朝中大权，如果自己表现得聪明睿智，就可能引起鳌拜的不安，甚至有生命危险。只有故作软弱，麻痹鳌拜，使他放松警惕，自己才能在暗中积蓄力量，等待时机，铲除鳌拜。

1667年，康熙已经十四岁，依照规定，应当可以开始亲政了。这时候，他对鳌拜采取欲擒故纵的计策，给鳌拜父子分别加封为“一等公”、“二等公”，以后又分别加了“太师”、“少师”的封号。然而，对于康熙来说，加封鳌拜父子仅仅是一时的权宜之计，不过是一种假象。康熙是不甘做傀儡皇帝的。到1669年，鳌拜自恃位高权重，经常借口有病不上朝。康熙就亲自去探望他，有一次，御前侍卫发现鳌拜神色反常，便迅速走到鳌拜床前，揭开席子发现一把匕首，鳌拜见此情景十分紧张，康熙却故作天真，装做若无其事地笑笑说：“刀不离身是满人的习惯，不值得大惊小怪!”当场稳住了鳌拜。

在对待鳌拜的问题上，康熙表现出很大的忍耐。有时候，还做出一些出色的表演，以显示自己无能。其中，最典型的一件事就是“圈地事件”。圈地制度源于入关前太祖、太宗把战争中掠夺的土地、人口分给王公贵族的惯例。诸王、勋臣、兵丁任意圈占，圈到哪里，田主被逐出，就连室内的所有物品，都被圈地者抢占。这种制度不利于经济的发展及社会的稳定，破坏了农业生产的正常进行。顺治四年，清政府就下令废止圈地制度。多尔衮摄政时，曾把镶黄旗应分得的土地，给了正白旗，把保定、涿州等地较为贫瘠的土地分给了镶黄旗。现在镶黄旗的鳌拜掌权，不顾禁令，要求将两旗土地重新更换过来。鳌拜这种倒行逆施，不得人心。辅政大臣苏克萨哈、户部尚书苏纳海、直隶总督朱昌祚、保定巡抚王登联等大臣都认为这样做违反禁令，就是鳌拜所在的镶黄旗的旗民也不愿意离开生活了二十多年的故地。但是，鳌拜不顾大家的反对，倚仗权势，强行换地，结果使大批人民失去土地，生活无着，很多土地被抛弃撂荒。负责圈换土地的户部尚书苏纳海和朱昌祚、王登联因反对换地，引起鳌拜不满。鳌拜决心拔掉这几颗眼中钉，就对康熙说，这几个人“阻挠国事，统是目无君上，照例应一律处斩”。康熙于是在征求了其他辅政大臣的意见后，将三人交刑部议罪。鳌拜又矫旨将苏、朱、王三人斩首。苏、朱、王三人是忠臣，他们的意见正确，康熙帝对此是知道的。但此时鳌拜势力大，不能与他反目，只能强忍，使忠臣含冤。

在对待苏克萨哈的问题上，康熙同样采取了故意示弱的策略。索尼死后，遏必隆追随鳌拜，四大辅臣中只有苏克萨哈与鳌拜政见不合。鳌拜决心整倒苏克萨哈。为了达到目的，鳌拜首先到议政王处活动。当时议政王中，以康亲王杰书威望较高，但他对鳌拜也非常惧怕。鳌拜见了杰书，要他听自己的命令办事，康亲王杰书唯唯听命，马上给皇帝写了奏书。在奏书中，杰书写道：苏克萨哈身为辅政大臣，却欺藐主上，心怀奸诈，存蓄异心，按律应将官职尽行革去，凌迟处死，株连九族。按清朝惯例，凌迟处死，是大逆不道的处分，苏克萨哈有何罪可以凌迟处死，并且还要灭族呢?康熙帝看了，十分惊异，他召康亲王杰书及遏必隆、鳌拜等人入内计议。康熙帝表示不准奏。鳌拜大怒，攘臂向前，欲以老拳相向。康熙吓得惊恐失色，便支吾道：“就是要办他，也不应凌迟处死。”鳌拜说：“即使不凌迟，也应斩首。”康熙帝战栗不答，杰书同遏必隆参而未议，最后定了绞决。

◎清康熙青花龙纹瓶◎

这是一次很好的表演，鳌拜看康熙帝如此软弱无能，吓得惊恐失色，浑身战栗，觉得这个少年太容易控制了。因此使康熙帝生命受威胁的危险性小了。按理说，像康熙帝这样的人，看惯了上层斗争的刀光剑影，即使鳌拜攘臂向前，他也不会惊恐失色。只能说明，为了除掉鳌拜，他早已做好了准备，胸有成竹。

事实正是如此，不久，康熙帝就加封鳌拜为一等公，鳌拜更加放心了。康熙的计谋取得了成功，上上下下都认为康熙太软弱，难以与鳌拜抗衡。康熙知道，如今政权已被鳌拜控制，御林军也被鳌拜掌握，因此，康熙必须慎重。于是，他从侍卫中选取了一批身强力壮者，以练习摔跤的名义组织了一支能为皇帝拼死效忠的少年亲信卫队，每天在宫中进行练习，在鳌拜入朝奏事时也不回避。鳌拜不但没有起疑心，反而认为康熙贪玩，没什么大志，心里更加坦然，不加戒备了。

康熙八年的一天，康熙以下棋为名，召索尼的儿子吏部侍郎索额图入宫，谋划擒拿鳌拜之计。这时，练习摔跤的侍卫武艺日渐进步，已有足够的力量擒拿鳌拜。于是，康熙帝单独召鳌拜入见，事先已将侍卫埋伏在两侧。鳌拜毫无戒备，欣然前往，到了内廷，见了康熙皇帝，依然挺胸昂头、盛气凌人地走到康熙帝面前。康熙厉声喝道："左右与我拿下!"一班少年侍卫一拥而上，将鳌拜擒获，押入大狱。皇帝命康亲王杰书等审问，列出鳌拜主要罪行三十款，并经康熙帝亲自过问，逐一落实。朝廷大臣议决应将鳌拜及其亲子兄弟革职、立斩，妻并孙为奴，家产籍没，其族人有官职及在护军者，均应遣退，各鞭一百。康熙帝则考虑到，鳌拜是顾命辅臣，且有战功又效力多年，不忍加诛。最后定为革职没籍，与其子俱予以终身禁锢，后来鳌拜死于狱中，儿子纳穆福获释放。

前苏联的糖衣炮弹

二十世纪七十年代，前苏联为实施其南下战略，就积极对近邻阿富汗加以渗透。它用笑里藏刀的计谋，高唱和平友谊的调子，为阿方提供经济"援助"、培养军事技术人才、派遣军事顾问和专家，以逐步控制阿富汗的军队和党政机关。七十年代末期，即从1979年12月初开始，前苏联在一系列的政治外交欺骗下，大肆向阿富汗调兵遣将，直至12月26日，即前苏联入侵阿富汗的前一天，前苏联驻阿大使塔别耶夫还为苏阿睦邻友好条约签订一周年，向阿富汗总统阿明表示"祝贺"。但在第二天，阿明便成了前苏联"朋友"的刀下之鬼!

第十一计 李代桃僵

原文

势必有损，损阴以益阳①。

注释 <<<

①损阴以益阳：阴、阳，这里指局部和整体。意思是以局部小的代价换取整体大的利益。

译文

当战争局势发展必然要有所损害的时候，要心甘情愿地舍弃局部的次要损失，以增强整个战局的优势。

评点

“李代桃僵”的原意是指亲兄弟要像桃李共患难那样互相帮助，互相友爱。《乐府诗集·相和歌·鸡鸣篇》：“桃李露井上，李树生桃旁。虫来啮桃根，李树代桃僵。树木身相代，兄弟还相忘？”此计用在军事上，是指在敌我双方势均力敌，或敌优我劣的情况下，用小的代价，换取大的胜利的谋略。

古人认为，敌我双方的情况，是互有优劣的。在战争中，企图从各方面都胜过敌方，是难以做到的。战争的胜负，取决于双方力量的对比，占优势的一方往往获胜。但是，为使我方取得战斗力对比优势，应当运用以劣取胜之诀窍。

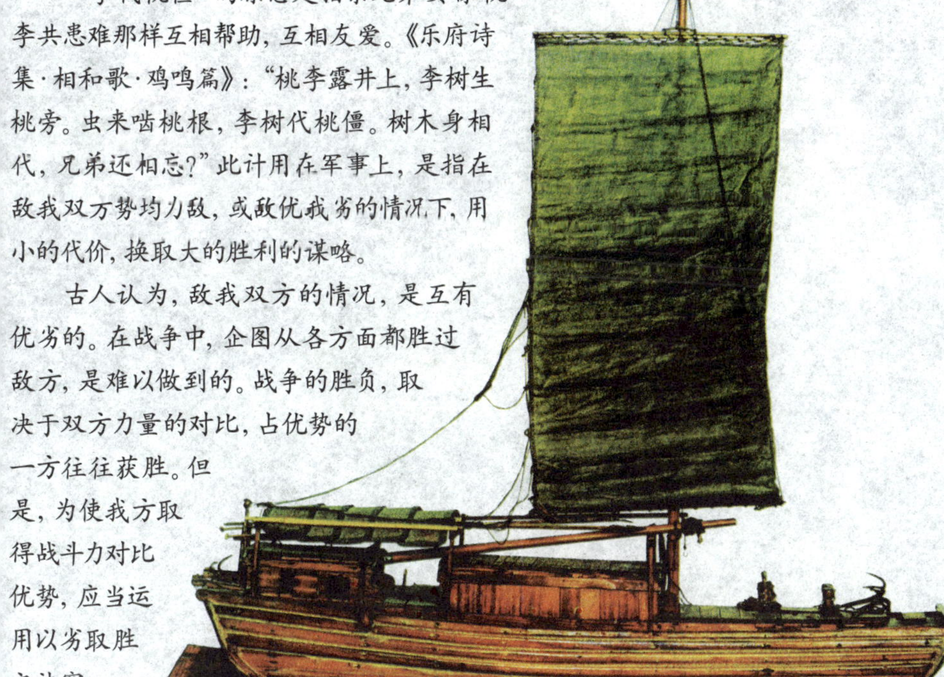

◎良划子(模型)◎

经典案例

赵氏孤儿

春秋时期，晋国大奸臣屠岸贾鼓动晋景公灭掉于晋国有功的赵氏家族。屠岸贾率三千人把赵府团团围住，将赵家全家老小，杀得一个不留。幸好赵朔之妻庄姬公主已被秘密送进宫中。屠岸贾闻讯必欲赶尽杀绝，要晋景公杀掉公主。景公念在姑侄情分，不肯杀公主。公主已身怀有孕，屠岸贾见景公不杀她，就定下斩草除根之计，准备杀掉婴儿。公主生下一男婴，屠岸贾亲自带人入宫搜查，公主将婴儿藏在裤内，躲过了搜查。屠岸贾估计婴儿已偷送出宫，立即悬赏缉拿。赵家忠诚门客公孙杵臼与程婴商量救孤之计：如能将一婴儿与赵氏孤儿对换，我带这一婴儿逃到首阳山，你便去告密，让屠贼搜到假赵氏遗孤，方才会停止搜捕，赵氏嫡脉才能保全。程婴的妻子此时正生一男婴，他决定用亲子替代赵氏孤儿。他以大义说服妻子忍着悲痛把儿子让公孙杵臼带走了，并且依计向屠岸贾告密。屠贼迅速带兵追到首阳山，在公孙杵臼居住的茅屋，搜出一个用锦被包裹的男婴。于是屠贼摔死了婴儿。他认为已经斩草除根，放松了警惕。在忠臣韩厥的帮助下，一个心腹假扮医生，入宫给公主看病，用药箱偷偷把婴儿带出宫外。程婴虽已听说自己的儿子被屠贼摔死，但强忍悲痛，带着孤儿逃往外地。过了十五年，孤儿长大成人，知道自己的身世后，在韩厥的帮助下，起兵讨贼，杀了奸臣屠岸贾，报了大仇。

◎龟符◎

武则天铭文：九仙门外，左神策军第二。兵符历代以虎形为主，唐代为避其祖“李虎”名讳，改用鱼符，武则天时改用龟符，中宗后复用鱼符。

程婴见赵氏大仇已报，陈冤已雪，不肯独享富贵，拔剑自刎。他与公孙杵臼合葬一墓，后人称为“二义冢”，他们的美名千古流传。

孙膑施计巧败为胜

战国时期，齐国的大将田忌对孙膑颇为敬重，事无大小都喜欢同孙膑商量。孙膑对田忌也很感激，因此，经常进言献策，为之分忧。

有一天，田忌回到府中，唉声叹气，满脸愁容。询问后，才知道田忌是因为赛马输了赌金。那时，齐国君臣常以赛马取乐。田忌多次与齐威王和诸公子赛马，押重金赌输赢，由于马力不足，屡次赌输，总是乘兴而去，败兴而回。孙膑安慰他说："如此区区小事，不必挂心。有机会请带我到赛马场观看，或许能设法赢回您的赌金。"

后来在一次赛马的时候，孙膑跟随田忌一道乘车来到赛马场观看，才知道他们各家按马跑的速度，把马分成上、中、下三等，依次比赛，三比二胜。孙膑深入观察得知田忌的马与诸公子的马，足力相差并不远，速度也慢不了多少。只要策略得当，完全可以稳操胜券。孙膑回到府中就对田忌说："您下次再跟他们比赛，尽管押上大赌注，我有办法包您获胜。"田忌大喜。因深知孙膑的智慧胜过自己，就笑着说："先生果真能使我获胜，我就当面约请齐威王，以千金赌注和他决赛。"孙膑毫不犹豫地回答："行啊，您放心去吧。"

田忌兴冲冲地邀请齐威王赛马，并约定以千金赌注，一赌输赢。威王在赛马场上曾赢过田忌多次，现在田忌自己主动提出赛马，欣然同意。这一消息很快就传遍了全城。

比赛当天，赛马场上旌旗招展，战马嘶鸣。满朝文武官员都到了，众多百姓也都赶来，观看这场君臣下千金赌注的马赛。

临场比赛时，孙膑对田忌说："请用您的下等马同他的上等马比赛，先输第一场。再用您的上等马同他的中等马比赛，用您的中等马同他的下等马比赛，赢回两场来。三场两胜，这就是我们的对策。"田忌高兴万分，依计而行，命骑手用金制马鞍把下等马装饰起来，充作上等马，与威王比赛第一场。

第一场比赛开始。只见威王的金鞍烈马，如箭

◎春秋战车◎
战车自商代晚期崛起，春秋趋于鼎盛，很多诸侯国拥有大量战车。车战开始成为春秋时期的主要战争形式。

离弦，一直冲在最前面，而田忌的马却远远落在后面。齐威王见此情景，开心地大笑。田忌并不气馁，慢吞吞地对威王说："输了一场还未见胜败，如果我三场皆输，那时再笑也不晚。"

接着后面两场比赛开始了。马蹄噔噔，尘土飞扬。在一片喝彩声中，田忌的马神奇地冲到前面。田忌在后两场连续取胜，终于赢了齐威王。此时，金鼓齐鸣，全场欢呼雀跃，兴奋不已，而齐威王和一班公子却目瞪口呆。孙膑的"李代桃僵"对策，果然大显神威。

这时，田忌笑着对齐威王解释说："臣今日获胜，并不是因为马力加增，完全是依靠了孙膑的妙策。"于是把孙膑的对策一一告诉了齐威王。齐威王明白了底细，这才转惊为喜，赞叹道："就这么件小事，也足见孙先生的智慧非凡了。"

齐威王回到宫中，就立即传令召见孙膑。孙膑乘车到王宫，威王让孙膑坐在自己身边，并笑着说："真是不打不成交。今天在赛马场上，已经领教了先生高明的战术。不知此种战术可有名称？它在军事上又有何用处？"

孙膑回答说："如果说名称，就把它叫做'对策论'吧！名称并不新鲜，关键在于运用。比如说，在双方条件相差不多的情况下，对策运用得体，就可以稳操胜券。在双方条件相差较远的情况下，对策运用得当，也可以把损失减到最低限度，不致全盘皆输。军事上没有永恒不变的有利形势可以依赖，这是先王留下的遗教，但对策运用得好坏，却是决定胜败程度的重要一环。"

齐威王没等孙膑说完，就插话问道："先生能举例，给我说个大概吗？"

孙膑紧接着说："比如，在势均力敌的情况下，就应该迷惑敌人，使其分兵，攻击一点，再及其余；在敌众我寡的情况下，就应该避其锐气，疲劳敌人，出其不意，攻其无备；在我众敌寡的情况下，就应该故意示弱，引诱其出战，出来就打，不出就围。当然不能用一种固定不变的办法对付各样的敌人，应该见机而行，灵活指挥。”齐威王越听越高兴，便夸奖孙膑说：“真是相见恨晚。有先生这样精辟的见解，定然战无不胜，攻无不克！”孙膑既谦虚又郑重地说：“多承大王夸奖。不过，胜败乃兵家常事，关键还不在这里。城虽小而守得牢，关键在于有物质储备；士兵不多而战斗力强，关键在于坚持正义。如果坚守而无储备，作战而无正义，就失去了统一天下的牢固基础。”

齐威王听到这里，尤其感到快慰。齐国自春秋以来，一直是东方的大国。公元前357年，齐威王即位，他虚心纳谏，厉行法制，使齐国更加强盛。因此，他早就下了决心，大而效法黄帝，统一全中国，小而继承齐桓公、晋文公的霸业，称雄于世。现在，见孙膑有这样的博识远见，便进一步问道：“我们这里有一个稷下学派，时常辩论统一天下的道理。有的主张无为，有的主张法制，还有的主张礼治。对此，先生有何高见呢？”孙膑当即回答：“帝王当然不能无所作为而有所成功。战胜而强立，方能使天下平服。上古之时，神农伐补遂，黄帝擒蚩尤，尧伐共工，舜征三苗，武王讨纣王，周公平定武庚，无一不是用武力统一天下。当今列国纷争的战乱时代，还想积仁义、用礼乐、设礼仪来禁止争夺，岂不是天大笑话！这些并非尧舜不想为，而是不可能。所以最终还得用战争解决问题。”

齐威王听得眉飞色舞，不禁拍手称快，说：“高明啊！先生谈起兵法来真是滔滔不绝。”孙膑一席话，更加坚定了他争霸天下的决心。他已经实行过一系列的改革，奠定了一定的物质基础。他表示，还要听取孙膑的建议，进一步实行改革。谈话结束，他就宣布：以孙膑为军师，协同大将军田忌筹划军务。

李牧智守雁门关

战国后期，赵国北部经常受到匈奴的骚扰，边境极不安宁。赵王便派遣大将李牧镇守北部的门户雁门郡(今山西省右玉南)。

李牧到任后，天天杀牛宰羊，犒赏将士，并且下令只许坚壁自守，不许与敌交锋。匈奴摸不清底细，也不敢贸然进犯。李牧借机加紧训练部队，以养精蓄锐。几年以后，兵强马壮，士气高昂。

公元前250年，李牧准备出击匈奴。起初，他只派遣少数士兵保护边寨百姓出去放牧。匈奴见状，就派出小股骑兵前去劫掠，而李牧的士兵不与敌交手，假意败退，丢下一些人和牲畜。匈奴人占了便宜，得胜而归。匈奴单于以为，李牧一直不敢出城征战，说明他果然是一个不堪一击的无能之辈。

于是，单于亲自率大军直逼雁门。这是李牧意料之中的事。于是，李牧率部严阵以待，他兵分三路，给单于设下一个大口袋。由于单于轻敌冒进，而被李牧分割成几部分，然后逐一歼灭。

单于兵败，落荒而逃。李牧成功地运用李代桃僵之计，用很小的代价，换得了全局的大的胜利。

李宗仁以智取胜

在抗日战争期间，国民党李宗仁部在台儿庄与日本军队展开了殊死的大血战。国民军让开津浦线，诱敌长驱直入。正在此时，李宗仁命孙连仲部死守台儿庄，阻击敌人，以待援军。日军猛攻三昼夜后，攻入台儿庄，国民军在城内与日军打“拉锯战”，打得非常激烈而残酷。国民军死伤惨重。面对惨状，前沿指挥官孙连仲动摇了，向李宗仁请求可否撤军至运河南岸防守。

为了整个战局的利益，李宗仁坚定地表示：“敌我双方在台儿庄已经血战一周了，胜负之数决定于最后五分钟，援军明天中午可到，你务必守到明日拂晓。这是我的命令，不得违抗！”孙连仲的第二集团军依命死守台儿庄，与敌人发生多次肉搏，逐屋争夺，战到黄昏，敌人才停止进攻。孙连仲在午夜又组成数百人的敌死队，人自为战，夜袭敌人，一举夺回四分之三的失守阵地。

黎明时分，汤恩伯军团在敌后出现，包抄了敌军，歼敌两万余人。李宗仁成功地运用了“李代桃僵”的计谋，取得了台儿庄大捷。

以小换大胜全局

1973年10月6日，埃及军队渡过苏伊士运河，对以色列军队突然发起攻击，由于以色列设防不严，显得十分被动。在埃及军队发动进攻的同时，叙利亚军队也向以军发起了猛烈的进攻。下午三时，在六百门大炮和一百架飞机长达五十五分钟的轰炸后，叙利亚三个师共六万人，向戈兰高地发起全线进攻。在此紧要关头，以色列的装甲第七旅奉命投入了战斗，负责接管库奈特拉以北的阿尔蒙尼特山阵地。装甲七旅是以军的王牌军，在关键时刻，发挥了关键性的作用。

◎右图为清朝乾隆皇帝朝服像◎

阿尔蒙尼特山高地是控制北部防线从以色列经库奈特通往大马士革公路的咽喉，如果失守，将对以色列构成严重威胁。所以双方在这一带展开了激战。战斗从夜里十时持续到凌晨三时，叙军共损失坦克和装甲车一百辆。

戈兰高地防线的南段被叙军突破，而以军第七旅的阵地却非常稳固。

10月7日至8日两天，叙军以绝对优势的兵力，其中特别投入了精锐的第三装甲师和总参谋部直属的“阿萨德共和国警卫旅”，强攻以军第七旅的阵地。以军第七旅抵抗着数倍于己的叙军的攻击，战斗异常激烈。

9日拂晓，叙军飞机轰炸了以军阵地。这天上午九时，叙军以上百辆坦克和几十辆装甲车向以军阵地开来，双方再次展开激战，以军的坦克多数被击毁，仅剩下八辆，本加尔部不得不后撤三百六十米。叙军终于攻占了以军的主阵地。但很快被从邻近阵地来的以军第七旅的第七营击退，以军又夺回主阵地。双方就这样争来夺去地激战了四昼夜。最后以军第七旅只剩下十辆坦克，双方混战在一起，旅长本加尔也难以统一指挥，只能人自为战。旅长本加尔的精神快要崩溃了，他向师长报告：叙军正在正面发起猛烈攻击，我快要守不住了！师长尽全力鼓励他：再坚持三十分钟，增援部队就能赶到！

以军第七旅在旅长本加尔英勇果敢的指挥下，迎来了援军，以较少的代价，换来了全局性的重大胜利。

第十二计 顺手牵羊

原文

微隙[①]在所必乘；微利在所必得。少阴[②]，少阳[③]。

注释<<<

①微隙：微，小。隙，失误、漏洞。意思是指细小的漏洞。

②阴：缺陷、失误。

③阳：利益、好处、胜利。

译文

对敌人的微小的纰漏，必须及时加以利用；对敌人"给予"的极小良机，也要力求获取。变敌方小的疏漏，为我方小的战果。

评点

"顺手牵羊"的原意是比喻凭借便利的条件捎带取来，毫不费力气。《古今杂剧》关汉卿《单鞭夺槊》第二折："我也不听他说，被我把右手带住他马，左手揪着他眼札毛，顺手牵羊一般拈了他来了。"此处比喻乘机行窃。清代顾张思《土风录》十二《顺手牵羊》："伺便窃取曰顺手牵羊。按《曲礼》：'效羊者右牵之'。俗呼右手为顺手，取顺便之意。"用在军事上，则是指：看准敌方在移动中出现的漏洞，抓住薄弱点，乘虚而入获取胜利的计谋。当然，小利是否应当必得，要考虑全局利益，只要不会"因小失大"，小胜的机会也不应该放过，因为积小胜可以为大胜。

古人认为，敌方大军运动起来，它的漏洞一定很多。乘此时机，夺取胜利，可以不必使用过多的兵力或经过大的战斗。这种计谋，强者固然可以使用，而弱者同样可以运用。

经典案例

息侯引狼入室遭暗算

春秋时，陈国有一对姊妹花，虽然姊妹俩同称“花”，但相形之下，姐姐的花容就黯然失色。姐姐匹配蔡侯，妹妹匹配息侯，但蔡国和息国的政治路线不同，蔡侯臣服于齐国；息侯却靠拢楚国。

妹妹息伪(即息夫人)的绝世之貌，久为姐夫垂涎三尺。有一天，息夫人回娘家陈国，路经蔡国，蔡侯认为是个好机会，存心揩油，想亲亲香泽，怜惜一下小姨子。乃迎息夫人进宫去，奉承一番，并动手动脚的，全无一点敬意。

息夫人平时就听说这位姐夫原是个大色狼，更加敬而远之，匆匆辞出，赶到娘家去。

及至归宁回来，她不敢从蔡国经过，绕道而返。见了丈夫，便把蔡侯怎样轻薄自己的事，一五一十地告诉息侯。息侯大怒，恨恨地说：“好，蔡侯你这个无赖，想给我戴绿帽子！非惩戒你不可！”他立即派一个能说会道的特使到楚国去，密告楚王说：“蔡侯恃着和齐国有亲戚关系，不把大王看在眼里，还经常散布谣言，想离间我们两国的邦交。大王何不出兵教训教训他？”

楚王说：“怕会引起它的盟邦齐国出兵呀！”

“大王不用担心！”使者说，“我国和蔡侯是结盟而又连襟的，蔡侯又好胜，大王可以借故用假意向我国用兵，他必亲来相救，到那时，我军突然与楚兵联合起来，把他包围，这样一来，蔡侯纵有翅膀也飞不得了，这是请君入瓮之计！”

“妙呀！”楚王拍掌叫好。

于是，楚王浩浩荡荡地进攻息国来了，息侯派人去蔡国求救，果然蔡侯亲率三军来援。抵达息国，安营还未定，楚国伏兵猝然而起，杀得蔡兵狼狈不堪，蔡侯慌忙逃走息城，但息侯反闭门不纳，楚兵又紧追在后，迫得落荒而走，半路上给楚兵俘获。这时，息侯出城犒赏楚国，并毕恭

毕敬地送楚王班师回国。蔡侯方才觉悟自己中了息侯诡计。

楚王想把蔡侯生蒸，以告太朝，经大臣鬻拳冒死强谏，才又放蔡侯回国。

蔡侯回国的时候，楚王大摆筵席，为之饯行。席间盛张女乐，美人醇酒，香艳迷人。有一位弹筝的女子，长得仪容秀丽，楚王指着她笑对蔡侯说："此女又漂亮又聪明，色艺俱佳！你曾见过这么漂亮的美人吗？"

蔡侯顿时想起了息侯陷害之仇，便说："照我看，世上最漂亮的，莫如息侯的夫人息伪，和这位美人一比，简直是明月照油灯。"

"她怎样漂亮呢？"楚王问。

"她呀！"蔡侯进一步说，"眼似秋水，脸如桃花，既不肥，又不瘦，站着像临风弱竹，行起路来简直是仙子凌云……"

“既有这样绝色佳人，寡人就是见一见她，死也无憾了。”楚王低声说。

蔡侯乘机挑拨说：“这有什么困难？以大王之威，楚国之强，就是齐王的老婆亦可能弄到手，何况在所属国？”

楚王回到宫中，念念不忘此位美人，越想越觉得需要。他终于想出一条计，假托巡狩之名，去到息国，息侯出郊恭迎，大排公宴，敬酒给楚王。楚王微笑说：“寡人前次出兵擒蔡侯，替贵侯出了口气，替尊夫人洗了耻辱，今日远道造访，尊夫人为何不出来为寡人斟杯贺酒呢？”

不一会儿，环佩响过，香气袭来，息夫人已亭亭玉立，站在庭前，向楚王道歉致谢。楚王一见，果然是天上少有，人间罕见，连忙答礼不迭。她在白玉杯里斟满酒，敬给楚王，楚王想亲手接，她却不慌不忙地将酒杯递给宫女转给楚王，楚王一饮而尽，心花怒放。可是美人已转入后宫去了。

这一夜，楚王失眠，挨到天亮。第二天，亦设了一席谢酒，酬答息侯，却暗中伏兵甲，实行威迫强夺。

息侯不知就里，应召赴席，酒至半酣，楚王假醉，对息侯说：“寡人曾有大功于尊夫人，楚兵为她卖过命，今日三军在此，尊夫人就不屑出来慰问一番？”

息侯说：“敝邑渺小，不足为从者优乐，请让我回去和她说一说，看她怎样！”

楚王勃然大怒，指着息侯骂：“匹夫无义，还花言巧语哄人，左右，还不给我擒下！”

息侯正要申诉，伏兵猝起，将他缚住。

楚王立即引兵闯入后宫，寻找息伪。息伪闻变，长叹一声说：“引狼入室，实自取其祸！”急奔入后园欲投井死，却被楚将牵住了衣裾，劝她：“夫人！你真的不想保全息侯的命吗？干吗夫妻俱死呢？”息伪知已是肉在砧上了，反抗无益，死亦徒然，便低头不说话。

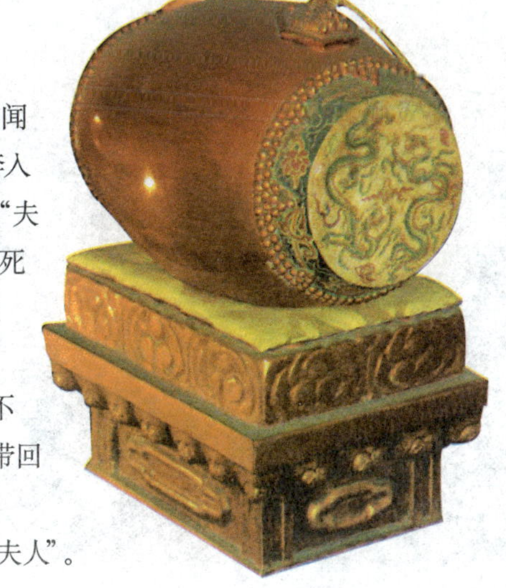

息伪被带去见楚王，楚王分外怜惜，答应不杀息侯，准他复国，却把息伪立为自己的夫人，带回楚国去。

因她长得漂亮，面似桃花，故称之为“桃花夫人”。

淝水之战

公元383年，前秦统一了黄河流域，势力强大。前秦王苻坚坐镇项城(在今河南省沈丘)，调集九十万大军，打算一举歼灭东晋。他派其弟苻融为先锋攻下了寿阳(在今安徽省寿县)，初战告捷。苻融判断东晋兵力不多，并且严重缺粮，建议苻坚迅速进攻东晋。苻坚闻讯，不等大军齐集，便立即率几千骑兵赶到寿阳。东晋将领谢石得知前秦百万大军尚未齐集，决定抓住时机，击败敌方前锋，挫其锐气。谢石派勇将刘牢之率精兵五万，强渡洛涧，杀了前秦守将梁成。刘牢之乘胜追击，重创前秦军。谢石率师渡过洛涧，顺淮河而上，抵达淝水一带，驻扎在八公山边(在今安徽省淮南市西)，与驻扎在寿阳的前秦军隔岸对峙。苻坚见东晋军阵势严整，便立即命令坚守河岸，等待后续部队。谢石感到机会难得，只能速战速决。于是，他决定用激将法激怒骄狂的苻坚。他立即派人送去一封信，称：我要与你一决雌雄，如果你不敢应战，还是趁早投降为好。如果你有胆量与我决战，你就暂退一箭之地，让我过河与你一比高低。

苻坚看信后大怒不已，决定暂退一箭之地，待东晋军队渡到河中间时，再回兵出击，将东晋兵全歼于水中。但他哪里料到此时前秦军士气低落，撤军令一下达，便顿时大乱。秦兵争先恐后，乱作一团，怨声四起。这时指挥已经失灵，几次下令停止退却，但如潮水般撤退的人马已成溃败之势。

这时，谢石指挥东晋军队，迅速渡河，乘敌大乱之机，奋力搏杀。前秦的先锋苻融被杀死在乱军之中，苻坚也因中箭受伤，慌忙逃回洛阳，前秦大败。在这次淝水之战中，东晋军抓住战机，运用“顺手牵羊”计谋，乘虚取胜，创造了我国古代战争史上以弱胜强的一个著名战例。

◎吴王夫差青铜矛◎

七六九团偷袭日军机场

在抗日战争中，刘伯承率领一二九师北上抗日。当时，陈锡联是该师七六九团的团长。刘伯承当时制定了三条作战原则：

1.师部只是一般地确定作战任务，具体打法由各级指挥官充分发挥主观能动性，相机行事，根据敌情自行灵活作战。

2.在行军途中，可打则打。

3.为了不误战机和保守秘密，各团有自行决定权，可以打完仗后，再向师部报告。

这三条原则，有利于部队运用“顺手牵羊”之计谋去寻找战机。

师部命令陈锡联率七六九团向敌后迂回，挺进东北部的山地，准备伺机侧击南犯敌人的后方。陈锡联率军到达指定地区后，发现代县、阳明堡、崞县等地均驻有日军，并以阳明堡机场为其前沿机场，集中了大批飞机，轮番出动，配合步兵对忻口的国民党作战。当时，由于国民党军队的不抵抗和作战无力，日军便放松了警觉，后方戒备相当松懈，虽然阳明堡上驻有香月师团的一个联队，但飞机场里只有大约二百人的守卫部队。

七六九团陈锡联团长了解到这个情况后，决心抓住这个有利的战机，于10月19日夜里，采取秘密而迅速的行动，出其不意地袭击了阳明堡机场，将该机场上的二十四架敌机全部焚毁，并歼灭了日军警卫部队百余人。这就是抓住“微隙”，运用顺手牵羊这一计谋所取得的胜利。

麦克阿瑟的“军事赌博”

1944年，美军在太平洋地区的军事行动进行得非常顺利，麦克

阿瑟在一系列进攻中表现了他的大智大勇，做出了别人所不敢做的举动，那些冒险性的军事行动被同行称为军事赌博。但他是在有胜利依据下的赌博，也就是他善于抓住战争中敌方所出现的“微隙”而顺手牵羊的结果。

1944年，按照参谋长联席会议所确定的作战部署，“车轮行动”的后两个月的目标分别是新爱尔兰岛西北端的卡维恩和阿德默勒尔蒂群岛的马驽斯岛。卡维恩是哈尔西的目标，该处有重兵防守。因此，哈尔西建议绕过卡维恩而去攻取离该地西北九十英里处的埃米拉岛。但麦克阿瑟坚持要哈尔西攻打卡维恩，以掩护他攻打马驽斯岛。

2月23日晚，一份侦察报告表明，日军可能把部队从洛斯内格罗斯岛转移到马驽斯岛。第二天，肯尼的侦察机报告，在洛斯内格罗斯岛上没有发现日军的活动，机场被废弃，杳无人迹。于是，肯尼向麦克阿瑟建议以小股部队迅速占领该岛，从该岛再攻打马驽斯岛就容易多了。这个情报，就是发现敌军的“微隙”，是一次难得的“顺手牵羊”的好机会。

然而，麦克阿瑟的情报处长威洛反对这一建议，他根据自己的情报来源，认为几个星期以来日军一直增援马驽斯岛和洛斯内格罗斯岛，使两岛的日军增至四千余人，而且主力在洛斯内格罗斯岛上。但麦克阿瑟对肯尼的建议很感兴趣，认为“这是进行空袭的理想时机，如果获胜，盟军在太平洋区域行动的日程表可以提前好几个月，也可以挽救数以万计的生命”。

2月24日晚，在麦克阿瑟举行的军事会议上，他不顾许多人的反对，果断地确定了对洛斯内格罗斯岛进行一次“火力侦察”，行动时间定在29日。这比原计划整整提前了一个月，而且准备时间只有五天。有人说这是一场军事赌博，敌人是庄家，牌全在他们手中。麦克阿瑟回答说：“是的，这是一场赌博。但我能赢很多很多，输的却非常少；我打赌，如果我的运气非常好的话，我下几块钱的赌注，就可以赢一百块。”麦克阿瑟决定亲自参加这次行动。他率部不避艰难险阻，乃至生命危险，成功地登上了洛斯内格罗斯岛。然后稳打稳扎，步步为营，经过两天的浴血奋战，终于迎来了陆续到达的援军。经过一周的激烈战斗，美军彻底占领了该岛。麦克阿瑟成功地运用“顺手牵羊”的计谋，取得了最后的胜利。

◎慕田峪◎

第三套 攻战计

第十三计 打草惊蛇

原文

疑以叩[①]实，察[②]而后动；复[③]者，阴之媒[④]也。

注释 <<<

①叩：探问、探询、侦察。
②察：清楚、了解、知道。
③复：反复、多次。
④媒：条件、手段、诱因。

译文 

带着疑虑对敌情一一查实，待查实之后再采取军事行动；反复侦察敌情，是发现敌方设下圈套的重要手段。

评点 

“打草惊蛇”亦作“打草蛇惊”。原意用以比喻做事不周密，使对方借以警觉起来而加以预防。朱熹《朱文公集》卷二十九《答黄仁卿书》：“但恐见黄商伯狼狈后，打草蛇惊，亦不敢放手做事耳。”段成式《酉阳杂俎》载：唐代王鲁为当涂县令，贪污受贿。有一次，县民连状告发他的部下主簿贪赃。他看完状子后，十分惊恐，便情不自禁地在状子上批下八个字：“汝虽打草，吾已惊蛇。”此计用在军事上，是指当敌方的兵力没有暴露、行踪诡秘、意向不明之时，切不可轻举妄动，应当查明情况后再做决策。当然，也可以反其道而行之：诱敌自我暴露，然后战而胜之。这与“引蛇出洞”的语义相近。

古人认为，敌方的兵力不暴露，行踪诡秘，意向不明，万不可冒失进击，应当立刻弄清其主力与突击目标的所在之处。

经典案例

伊尹辅君灭夏桀

伊尹是商朝的开国君主商汤的重要谋士，不但协助商汤灭夏，而且辅佐过商朝的几代君主，立下很大的功勋。夏朝末年，夏桀荒淫无道，人民不堪其苦，天下怨声载道，老百姓把夏桀比做毒太阳，恨不能与他同归于尽。而商部落在商汤的治理下，力量不断壮大，于是，商汤打算顺应人们的需要，起兵讨伐夏桀。这时，伊尹向他建议说："虽然我们现在已经逐渐强大了，但夏桀的力量有多大，他还有多大的号召力，很难直接看得出来。我们不如采取不缴纳贡赋的办法刺激刺激他，看他还有多大的军事实力和号召力。"商汤接受了他的建议，当年没有给桀进贡。夏桀果然非常生气，就征调了各个部落的人马一起来向商汤问罪。伊尹说，看来夏桀还有很大的号召力，我们现在还不宜和他作战，赶快赔礼道歉，把贡赋交给他，以平息他的怒气。第二年，商汤又故伎重演，没有给夏桀进贡，夏

◎对联划子(模型)◎

桀也像去年一样打算征调各个部落的兵马前来问罪，但最终只有三个部落愿意和他一起讨伐商汤，其他部落对夏桀连年用兵满腹怨言，已经不听他的调遣了。于是，伊尹对商汤说，夏桀已经没有多少号召力了，三个部落的兵马不足为惧，现在可以对桀作战了。商汤马上联合起反对夏桀的各路诸侯，将人马埋伏在鸣条(今山西省安邑境内)，一举打败夏桀，建立商朝。

蹇叔哭师

公元前627年，秦穆公发兵攻打郑国，他想和安插在郑国内部的奸细里应外合，夺取郑国的都城。大夫蹇叔认为秦国离郑国较为遥远，这样兴师动众长途跋涉，郑国肯定会做好迎战准备。秦穆公不听劝阻，便派遣孟明视等三帅率部出征。蹇叔在部队出发时，痛哭流涕地警告说：恐怕你们这次袭郑不成，反倒会遭到晋国的伏击，只有到崤山去给士兵收尸了。果然不出蹇叔所料，郑国得到了秦国要前来袭击的情报之后，逼走了秦国安插的奸细，做好了迎战的准备。

秦军见袭郑不成，只得回师，但部队经过长途跋涉，显得十分疲惫。当部队经过晋国的崤山时，毫无提防之意。他们以为秦国曾对晋国刚死去不久的晋文公有恩，晋国不会攻打秦军。可哪料到，晋国早已在崤山的险峰峡谷中埋伏了重兵。在一个炎热的中午，秦军发现晋军的小股部队，孟明视十分恼怒，便下令追击。当追至山谷险要处时，晋军突然不见踪影。

这时，鼓声震天，杀声四起，晋军的伏兵蜂拥而上，大败秦军，生擒孟明视等三帅。秦军不察敌情，轻举妄动，终因遭晋军的“打草惊蛇”之计而惨败。

侯嬴识人

信陵君是战国四公子之一，他是魏昭王的儿子，魏安釐王的异母弟。战国时期，由于各诸侯国之间激烈的军事和政治斗争，对于

人才的争夺也非常激烈，为了笼络人才，各国的贵族中盛行养士之风，许多没有政治地位的人也乐于在他们门下做食客。信陵君为人宽厚，礼贤下士，对于士人无论才能大小均能以礼相待，因此各诸侯国前来投奔他的食客众多，相传达到三千多人。

◎信陵重士◎

当时，魏国都城大梁(今河南开封)的夷门有位守门人，名字叫做侯嬴，年龄已经七十多岁了，家中很穷。信陵君听说他是一位隐士，就亲自去拜访他，送给他丰厚的礼物。但是，侯嬴并没有领他的情，说："臣修身絜行数十年，终不以监门困故而受公子财。"于是，信陵君就大摆宴席，请来许多尊贵的客人。客人们都坐定之后，信陵君却带着车马，空着作为上位的左边的位置，亲自到夷门去迎接侯嬴。侯嬴穿着破旧的衣服，戴着破旧的帽子，毫不客气地直接坐到车子的上座上，想以此来看看信陵君的反应。信陵君见他大模大样地上了车子，不但没有感到惊奇，拉着缰绳却越发显得恭敬了。侯嬴又对信陵君说："我有一个朋友现在在市场上卖肉，请委屈一下您的车驾让我顺路过去拜访他一下吧。"信陵君领着车子，载着侯嬴来到卖肉的市场中。侯嬴下车见了他的朋友朱亥，也不正眼看一下信陵君，只是和朋友聊天，拖延了很长时间，并悄悄地观察信陵君的态度有无变化。信陵君不但没有烦躁或者生气，反而变得越来越和悦了。这时候，魏国的勋戚贵胄坐满了信陵君的大厅，等着宴会的开始；市场上的人们都在好奇地看着信陵君谦恭地牵着马等候侯嬴；信陵君的随从们等得不耐烦了，都在偷偷地骂侯嬴。侯嬴看到信陵君的脸上始终没有不耐烦的表情，于是辞别了他的朋友朱亥，上了车子。回到家之后，信陵君请侯嬴坐上座，并一一向客人介绍。宴会进行到高潮的时候，信陵君又亲自为侯嬴敬酒。从此之后，侯嬴成了信陵君的高级门客，并在窃符救赵等事情上给了信陵君很大的帮助。

侯嬴是以投石问路、打草惊蛇的方式，来识别信陵君的人品。

赔了夫人又折兵

三国时诸葛亮用计，帮刘备“借”走了荆州。周瑜为了讨回荆州，设下一计，派吕范前往荆州说媒，提出要刘备到东吴入赘，娶孙权之妹为妻。为的是把刘备骗来拘禁，若不把荆州来换，便杀了刘备。周瑜此计，对诸葛亮来说“正中下怀”。他要刘备应允下来，并依从了周瑜的安排去了江东。诸葛亮交给随行的赵云三个锦囊妙计，第一个就是让随行的军士披红挂彩，大张旗鼓，在城里买办物品，大肆宣传，让全城的人都知道吴国太嫁女给刘备。刘备牵羊担酒去拜见周瑜的丈人乔国老，告诉他入赘的事。乔国老便入府向吴国太祝贺。但国太还蒙在鼓里，立即派人找孙权来问个明白。得知是周瑜之计，吴国太大为恼怒，大骂周瑜：“他当了六郡的大都督，无计讨还荆州，却使我女儿做美人计。杀了刘备，我女儿便是望门寡，误了我女儿一世！”乔国老也说：“若用此计讨还荆州，必被天下人耻笑！此事如何行得？”说得孙权默默无语，最后只得依从母命，将妹妹嫁给了刘备。最后刘备带着夫人离开江东，让周瑜赔了夫人又折兵。刘备手下人在城里大肆张扬，谓之“打草”，孙权无法应付母亲，只得将妹妹嫁给刘备，谓之“惊蛇”。

◎刘备民间画像◎

攻占塞得港

1956年7月26日，埃及总统纳赛尔宣布苏伊士运河收归国有。英、法两国出动八万人的军队，伙同以色列进行武装干涉，于11月5日在塞得港实施空降。这次空降，英、法军队使用了打草惊蛇的计谋。为了把埃及军队引出来聚歼，第一批空降时只用了大批的木头人和橡皮人。埃及军队见状如临大敌，先命令地面炮兵猛烈射击，然后组织军民进行围歼。当埃及的火力、人员充分暴露以后，英、法空军便一个回马枪杀来，使埃及军队遭受重大的损失。接着，英、法空军和登陆部队紧密配合，一举攻占了塞得港。

第十四计 借尸还魂

原文

有用者，不可借；不能用者，求借。借不能用者而用之，匪我求童蒙，童蒙求我①。

注释 <<<

①匪我求童蒙，童蒙求我：出自《易经·蒙》卦。匪，同“非”。童蒙：幼小无知。

译文

有用的不可加以借用，怕的是我方不能控制它；不可利用的却偏要加以借用，因为我方完全可以控制它。借用不能用的并进而对其加以控制，这不是我方受制于人，而是我方完全可以控制和支配对方。

评点

“借尸还魂”的原意是：比喻已经死亡的东西，又可借助某种形式得以复活。《元曲选·碧桃花》第三折：“(真人云)谁想有这一场奇怪的事，那徐碧桃已着她‘借尸还魂’去了。”此计用在军事上，是指利用、支配那些看似没有作为的势力来实现我方军事目标的策略。在战争中往往有这类情况，对双方都有用的势力，往往难以驾驭，很难加以利用。而没有什么作为的势力，往往要寻求靠山。这时候，不失时机地利用和控制这部分势力，往往可以达到取胜的目的。

古人认为，历史上常有这种情况，每当改朝换代之时，都喜欢推出亡国之君的后代，打着他们的旗号，用以号召天下。用这种“借尸还魂”之计，实现夺取天下的目的。在军事上，也要善于利用一切可以利用的力量，取得主动地位，达到取胜的目的。

经典案例

陈胜借尸还魂

秦二世元年，陈胜、吴广被征发到渔阳(今北京市密云县西南)去戍边。当这些戍卒走到大泽乡(今安徽省宿县东南刘村集)时，因连降大雨，道路被淹没，眼看无法按期到达渔阳了。秦法规定，凡是不能按期到达指定地点的戍卒，一律处斩。陈胜、吴广深知，即使到达渔阳，也会因误期而被问斩的。与其等死，不如一搏，寻求一条活路。他们也深知同去的戍卒也同样都有这种想法，这正是举行起义的大好时机。

但是，陈胜又想到，自己的地位低下，恐怕没有什么号召力。当时有两个名人深受百姓的尊敬，一个是秦始皇的长子扶苏，他敦厚贤明，早已被阴险狠毒的秦二世伙同李斯和赵高给谋害了，但老百姓却不知情；另一个是楚将项燕，他功勋卓著，爱护将士，威望极高，而在秦灭六国之后不知去向。于是陈胜，便借这两人之“尸”，公开打出他们的旗号，以期得到大家的拥护。他们还利用当时人们的迷信心理，巧妙地做了其他的安排。

◎火药瓶◎

有一天，士兵做饭时，在鱼肚子里发现一块丝帛，上写“陈胜王”(即陈胜称王)三个字，士兵看后大惊，暗中传开了。吴广又在夜深人静之时，在旷野荒庙中学狐狸叫，这时，士兵们听到隐隐地从夜空里传来“大楚兴，陈胜王”的叫喊声，他们便以为陈胜非同凡人，肯定是上承“天意”来拯救大家的。陈胜、吴广见时机已到，便率领戍卒杀死了朝廷派来的将尉。陈胜登高振臂一呼，众人便揭竿而起。他说：我们反正活不成了，不如和他们拼个你死我活；就是死，也要死出个样儿来！

于是，陈胜自号为将军，吴广为都尉，一举攻占了大泽乡。天下云集响应，所向披靡，连连获胜。后来，部下拥立陈胜为王，国号定为“张楚”。

田子春借“尸”谋兵权

汉高祖刘邦，帝祚坐稳之后，深以异姓封王为虑，便谋诛了受封王位的韩信、英布、彭越、陈希。之后，就把王位分封给自己的儿子。在他病危临终时，还把诸王侯召到病榻前，严格嘱咐：“此后非姓刘的不得封王，非有功的不得封侯。”汉高祖驾崩后，吕后独揽大权，根本不理刘邦遗嘱，排除异己，大封吕氏一族，想将汉朝变为吕氏天下，刘氏诸王不是被杀便是削了兵权，大家惶惶不可终日，无计可施。

齐王刘泽眼见同胞手足遭此迫害，自己手中的兵权又被削夺，不禁在院子里仰面痛哭，恨天无眼。

刘泽有一个部属名叫田子春，颇工心计。他见到主人这般伤心，便自告奋勇去长安为他讨回兵权。自诩只要给他两匹良驹便可。刘泽虽然半信半疑，还是照他所请。田子春带了良马，便往长安出发。

来到长安，便找个旅店住下，他打听到吕后的心腹张石庆——他要下手的目标，每天上朝都要从此经过。他就将两匹良马拴在旅店的门口，以引起张石庆的注意。等张石庆开口要买马时，便顺水推舟把马送给他，并表示只是想谋一份差事。

张石庆一听大喜，也不疑他，便叫他搬入官衙内居住。田子春刻意逢迎，每日与张石庆高谈阔论，很是亲近。一日，张石庆偶然提起吕后，田子春认为机不可失，便对张石庆说：“大人若能为太后奏请封吕超三人为王的话，太后一定很高兴，可能封您为上大夫呢!”接着又说了其中的利害关系，张石庆听了，乐得连称好计。

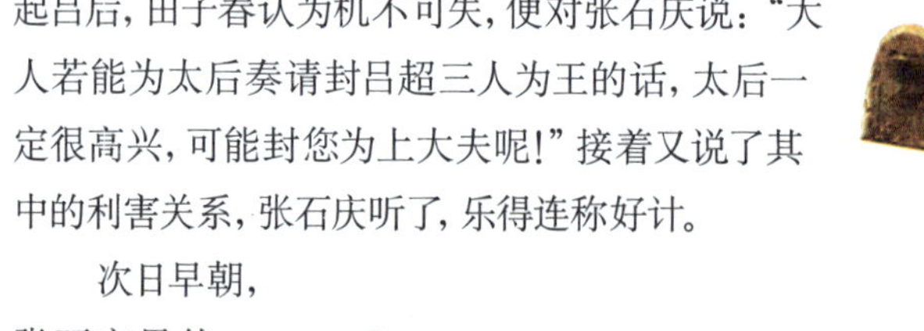

次日早朝，张石庆果然奏请封三吕为王，正中吕后下怀，马上封吕超为东平王，吕禄为西平王，吕产为中平

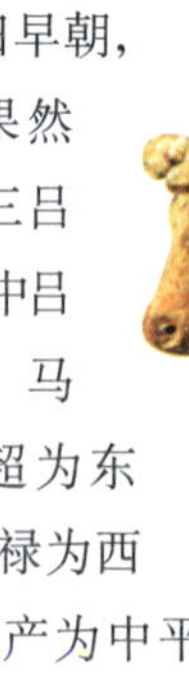

王，又封张石庆为末厅丞相，赏帛金三万。

张石庆欣喜万分，回来后就告诉田子春，田子春佯装大惊，说道："哎呀！大人，您真的奏请封王呀？如此一来，吕氏天下就乱了。都怪我酒后胡言乱语，唉！"

张石庆大吃一惊，急问："为什么？"田子春解释说："刘氏有三个王在外，如今见太后大封吕氏为王，心定不服，万一造反作乱，我们岂不弄巧成拙？"

张石庆本是"大草包"，听他这么一说，慌乱得没了主意。田子春两眼一转，就又趁机在他耳边嘀嘀咕咕，说得他不断点头称好。

当晚，张石庆就入宫禀奏吕后说："关外三王刘泽、刘号、刘长，闻知太后大封三吕为王，一怒之下，正计划起兵造反。我想，如果太后也给他们一些好处，他们自然会心悦诚服的。"

吕后立即传宰相陈平进宫商议，陈平心中暗喜，知道是山东刘泽那里有人打进来了，便暗中支持刘泽。吕后见陈平也不反对给"三王"点好处，便派使者到山东传刘泽上京，授与兵符。

田子春听到消息，就赶到城外与刘泽会合，并催促刘泽拔寨起程。于是，刘泽率领所统二十五万大军，浩浩荡荡回山东去了。

不久，刘泽在山东造反，吕后大怒，怪罪张石庆。张石庆直到此时，才知道田子春乃是刘泽的谋士，可是时已晚，田子春早就逃回山东了。吕后把满腔怒气，全都发泄在张石庆身上，削职查办，永不录用。

段祺瑞借尸还魂作总理

1916年6月5日，袁世凯病故。段祺瑞想补上总统"空缺"，借机获取实权，颇费思量。在这紧要关头，他巧妙地运用"借尸还魂"之计，实现了他的目的。段祺瑞经过权衡之后，在总统和总理这两个职务中，他选择了能够稳操实权的总理一职，而让黎元洪当上有职无权的总统一职。这种选择，就是“借尸还魂”之计在政治上的成功的运用。

从实力上讲，段氏理所当然地应任总统。但北洋一派并没有推举他为首领，还有与他匹敌的冯国璋，以及南方地方实力派，都不赞成段氏任总统。如果他要逆势而为，就必然引起南方护国军的强烈反对，南北统一便无法实现。

当然，段氏根本没把黎元洪放在眼里，他只是把黎氏当做一具政治僵尸，利用它“还魂”而已。段、黎合作矛盾不可避免，而段祺瑞大权独揽，黎元洪成了“盖印总统”，这个大的格局是不可改变的。段祺瑞让黎元洪当总统，比之于当年曹操让汉献帝当皇帝，其计谋和用意如出一辙。

飞行员逃离险境

前苏联卫国战争期间，前苏军的一架飞机在德军机场上空中弹起火。顷刻间，该机带着熊熊的火团坠落地面。就在这紧要关头，驾驶这架飞机的前苏军飞行员用降落伞也降落到德军机场。

在这非常紧要的关头，那个前苏军飞行员却十分沉着冷静，他并没有向机场的黑暗处逃跑，而是沉着地经过敌方机场勤务人员驻地的小屋，向灯火通明的停机坪走去。恰好，那里有一架坐满德国人的飞机正等待着迟到的飞行员前来驾机。那个前苏军飞行员乘隙走过人群，坐进驾驶仓，将蒙在鼓里的德国乘客带到前苏联机场。这位前苏军飞行员，在紧要关头，凭着他的智谋和勇气，巧用“借尸(德国飞机)还魂”(生还)之计，逃离险境。

第十五计 调虎离山

原文

待天①以困之，用人以诱之。往蹇来反②。

注释 <<<

①天：天时，自然条件。

②往蹇(jiǎn)来反：见《易经·蹇》卦："蹇，难也，险在前也。见险而能止，知矣哉！"蹇，困难、艰险。意思是向前有危险就要转而避开。引申为进攻有准备的敌人是很危险的，必要时要诱引有准备的敌人离开其坚固的阵地，在对自己有利的条件下，再与敌人进行战斗。

译文

等待天时对敌方造成了困难，再诱之以人为的假象。假若向敌方发起进攻仍有困难，那就把敌方引向出战之路，反倒更为有利。

评点

"调虎离山"原意是用以比喻为了便于行事，设法引诱别人离开原地。《西游记》第七十六回："……正中了我的'调虎离山'之计。"《三国演义》第十七回："操密谓玄德曰：'君令汝屯兵小沛，是掘坑待虎之计也。'"这与本计略有不同。本计用在军事上，是一种调动敌人的谋略。也就是说，如果敌方占据了有利地势，而且兵力众多，防范严密，这时，万万不可硬攻。正确的方法应为以计相诱，把敌人引出坚固的据点；或者，把敌人诱入对我军有利的地区，从而聚而歼之。此计与"引蛇出洞"有相同之处。

古代兵书上说："攻城是下策。"倘若不问条件硬攻，那是自己寻求失败。敌人既然占据了有利地形，就不要拼死力去争夺，况且，敌军兵力很强大，又已经做了临战的准备。敌方有了准备，如不以利相诱，它就不可能前来攻击；敌方兵力强大，如果不把自然和人为的条件结合利用，也就很难把它打败。

经典案例

孙策巧取卢江郡

东汉末年，军阀纷起，各据一方。孙坚之子孙策，年仅十七岁，而年少有为，他继承父志，逐渐扩大势力范围。

公元199年，孙策欲向北推进，准备夺取江北的卢江郡。卢江郡南有长江天险可以凭依，北有淮水阻隔，易守难攻。当时，占据卢江的军阀刘勋势力强大，野心勃勃。孙策深知如果用强攻，那是很难获胜的。他便与众将商议定出一个调虎离山的妙计。

针对刘勋极为贪财的弱点，孙策便派人给刘勋送去一份厚礼，并在信中把刘勋大肆吹捧了一番。信中说，刘勋威名远扬，令人倾慕，并表示要与刘勋交好，还以弱者的身份向刘勋求救。信中称，上缭经常派兵来侵扰我部，而我部力弱，不能前去征讨，请求刘将军发兵降服上缭，我方感激不尽。

刘勋见孙策在信中极力讨好他，便显得万分得意。而上缭一带，十分富庶，刘勋早就想夺取，今见孙策软弱无能，便免去了后顾之忧，立即决定发兵上缭。对此举，部将刘晔则极力劝阻，可刘勋哪里听得进去，他已经被孙策的厚礼和甜言所迷惑。

孙策时刻监视刘勋的行动，见刘勋亲自率领几万兵马前去攻打上缭，城内空虚，便心中大喜，说：“老虎已被我调出山了，我们快去占据他的老窝吧！”于是，立即率领人马，水陆并进，袭击卢江，几乎没遇到顽强的抵抗，就十分顺利地控制了卢江。

刘勋猛攻上缭，却一直不能取胜。正在此时，突然得到报告，知道孙策已经攻取了卢江，明知是中计了，却后悔也来不及了，只好灰溜溜地投奔曹操去了。

陈登使诈占徐州

曹操第二次征伐张绣返回许都后，决定联合刘备，先扫清东南，除掉心腹大患吕布。

谁知走漏了风声，吕布先下手为强，打败刘备，攻占了小沛。同时吕布派陈宫联络泰山寇贼孙观等人，欲东取兖州诸郡。曹操闻讯后，亲自率领大军到萧关一带来战吕布。这时，早已投靠曹操的陈登连施三计，把匹夫吕布骗得蒙头转向，接连丢城丧旅。当萧关告急时，吕布欲带领陈登前去救应，留陈登的父亲陈珪守徐州。临行前，陈氏父子商议，如果败回，便由陈珪占领徐州，不放吕布进城，但又恐“布妻小在此，心腹颇多”，不好下手。陈登心生一计，他对吕布说道：“徐州四面受敌，操必力攻，我当先思退步：可将钱粮移于下邳，倘徐州被围，下邳有粮可救。”吕布果然中计，马上命令心腹保护妻小与钱粮“移屯下邳”，从而为陈珪后来占领徐州清除了障碍。

吕布同陈登带兵前往萧关，援救陈宫、孙观。行至半路，陈登又生一计，要先去萧关探个虚实，然后“主公方可行”。他来到萧关后，只同陈宫敷衍了一番。晚上陈登上关而望，见曹军直逼关下，他乘夜连写三封书信，拴在箭上，射下关去，第二天便飞马赶回。陈登见吕布，煞有介事地说，泰山寇贼孙观等人见曹兵势大，“皆欲献关”。吕布一听大惊，连忙命陈登先往萧关，“约陈宫为内应”，自己带领兵马随后赶来。这次陈登来到萧关，诳骗陈宫说，曹兵已抄小路入关，直逼徐州，“公等宜急回”。结果，使陈宫和吕布二军，夜间在半路相撞，自相残杀起来，曹兵则乘势轻而易举地夺取了萧关。吕布、陈宫直杀到天明，方知中计，连忙赶回徐州。这时，陈珪已公开降曹，曹操占领了徐州，吕布只得前往小沛。

但他们做梦也没想到，此时小沛已“城上尽插曹兵旗号”。原来，正当吕布、陈宫厮杀时，陈登却悄悄溜走了。他连夜赶到小沛，伪报吕布“被围”，传令小沛守将高顺、张辽“急来救解”，将听令即行。这样，在陈登的接应下，曹军又兵不血刃地拿下了小沛。

陈登连续用计把吕布互为犄角的三支力量分别调出城来，又使他们自相残杀，而且使这三个城变为空城，曹兵顺利实现了占“山”的目的。

彭德怀用计胜强敌

彭德怀元帅，为人豪爽，敢讲真话，敢打硬仗。但他从不打无准备之仗，在历次战役中都非常注意运用计谋，创造过很多以少胜多的典型战例，是一位有胆有识的著名将领。

1947年3月，国民党调集二十三万人，向陕甘宁解放区发起进攻。由于敌我力量相差悬殊，3月19日，党中央主动暂时撤离延安。我军撤出延安以后，彭德怀、贺龙率领西北野战军，采用“蘑菇”战术，同敌人进行周旋。西北野战军在彭总的指挥下，运用“调虎离山”的计谋，打得有声有色。

我军派出一小部分兵力，公开向安塞方面撤退，而我军主力则埋伏在延安东北的青化砭，敌军派出五个主力旅向安塞扑去。3月25日，敌三十一旅的旅部和一个团进入了我军在青化砭的伏击圈。我军只用了一个小时，便全歼敌军，活捉了敌军旅长李纪云。

胡宗南发现我军主力不在安塞，就急忙把主力调到延安以东，企图与我军决战。而我军主力则迅速转移到榆树坪一带休整，只派一小部分力量同敌人周旋。

4月14日，敌军一三五旅沿瓦窑堡、蟠龙大道两侧高地南下，我军以新编四旅进行阻击，且战且退，诱敌深入。当敌人进入我军第

◎雁门关北门◎

北门门额石匾刻“雁门关”三个大字，其两侧镶嵌砖镌联语：“三关冲要无双地，九塞尊崇第一关。”

二纵队的阵地时，教导旅和新编四旅集中优势兵力，组成了包围圈，结果敌一三五旅全军覆没，旅长麦宗禹被活捉。我军两战两捷，用伏击战打得敌人晕头转向。

4月下旬，敌人的行动变得十分谨慎。彭总决定调动敌军主力，然后集而歼之。于是，他命令三五九旅一部，再从每个旅中抽调一个排的兵力，配合绥德军分区部队，装扮成我军主力，接连抗击刘戡、董钊九个旅，并且故意在沿途丢弃一些各部的臂章和符号，以造成我军主力仍在佳县、吴堡地区欲渡黄河的假象。当敌军方阵从驻瓦窑堡西南山沟的我野战司令部旁的山梁喧闹北上时，司令部的全体人员持枪在手，非常紧张，而彭总却躺在土炕上，镇定自若。

敌人主力已被“调”离，敌人的给养地蟠龙，只留有一个旅守卫。敌人主力过完了，彭总一跃而起，立即挥师南下，直奔蟠龙，经过三天激战，全歼守敌一六七旅六千余人，缴获服装四十三万套，面粉一万余袋，子弹百万余发，还有大量的枪支、军用器材、医药用品等，成功地运用调虎离山计，打了一次漂亮的胜仗。

前苏军中计惨败

前苏军入侵阿富汗时，动用了一千多门大炮，妄图以火力优势取胜。前苏军每次进攻，都采用摩托化步兵在前、炮兵在后的步炮协同打法。

1980年初冬的一天，前苏军以一个营的兵力在二十多门大炮的支援下，向潘杰希尔山谷地带的阿游击队进攻。阿游击队根据前苏军炮兵自身防护力弱、行动易受限制等弱点，决定用计把前苏军步兵“调”开，集中全部力量打击它的炮兵。

当前苏军进入谷地后，阿游击队则以少量部队为诱饵，把前苏军步兵引向谷地深处，而以隐蔽于谷口的主力迅速向其炮兵阵地移动，并发起攻击。当前苏军发觉中计上当挥师回援时，它的炮兵却早已被全歼，二十多门大炮也变成了一堆废铁。

第十六计 欲擒故纵

原文

逼则反兵，走则减势，紧随勿迫。累其气力，消其斗志，散而后擒，兵不血刃。需，有孚，光[①]。

注释

①需，有孚，光：出自《易经·需》。需：等待、不进。孚：确信、信服。光：明，指好的前途。

译文

对敌军逼迫过急，便会遭到疯狂的反击，而任其溃逃，则会削弱它的强攻势头。故而，要紧密地跟踪敌军而又不逼迫它，借以不断耗损它的气力，以瓦解它的斗志，待其溃散之后，再加以擒获。这样用兵，可以避免无谓的流血。故而，放缓对峙，相机而动，反倒更为有利。

评点

“欲擒姑纵”又作“欲擒先纵”、“欲擒故纵”。其原意为：为了要捉住他，先故意放开他，以使他放松戒备。以喻为了更好地控制，就先故意放松一步。《老子本义》上篇：“将欲夺之，必固与之。”《太平天国·文书(附一)》：“欲擒先纵，欲急姑缓，待其懈而击之，无不胜者。”此计用于军事是指：为了造成消灭、瓦解敌人的有利战机，而暂且放纵它，让它逃逸，尔后，加以擒获，并聚而歼之。此计有两种用法，一是对于强敌要避其锐气，消耗其物力，瓦解其斗志，使之放松警惕；二是“围三阙一，虚留生路”，以表面上的“纵”，达到实际上的“擒”。

古人认为，这里所说的“纵”，并不是对敌人放任不管，而是尾随其后，显得宽松一些罢了。兵书说：“对溃退之敌，不要穷追不舍。”也就是这个意思。这里所说的不追，并不是不尾随跟踪，只是不过分紧逼而已。

经典案例 

七擒孟获

蜀汉建立之后，便定下北伐大计。当时西南夷酋长孟获率十万大军侵犯蜀国。诸葛亮为了解除北伐的后顾之忧，决定亲自率兵先平孟获。蜀军主力到达泸水(今金沙江)附近，诱敌出战，事先在山谷中埋下伏兵，将孟获诱入伏击圈内，使之兵败被擒。

按说，擒拿敌主帅的目的已经达到，敌军在短时间内也不会有很强的战斗力了，此时乘胜追击，便可大破敌军。但是诸葛亮考虑到孟获在西南夷中的威望很高，影响很大，只有让他心悦诚服，主动请降，才能使南方真正稳定。如若不然，南方各少数民族部落仍不会停止侵扰，蜀汉的后方就难以安定。于是，诸葛亮便决定对孟获采取“攻心”战，断然释放孟获。孟获表示下次定能击败蜀方，诸葛亮则笑而不答。

◎诸葛亮七擒孟获◎

孟获回营后，拖走了所有的船只，据守泸水南岸，阻止蜀军渡河。诸葛亮乘敌不备，从敌人不设防的下游偷渡成功，并袭击了孟获的粮仓。孟获暴怒，要严惩将士，激起了将士的反抗，于是，将士们相约起事，趁孟获不备之机，将孟获绑赴蜀营。诸葛亮见孟获仍不服气，便再次把他释放。以后孟获又施许多计谋，但都被诸葛亮一一识破，孟获又四次被擒，但都被释放了。

最后一次，诸葛亮火烧了孟获的藤甲兵，孟获第七次被擒。孟获终于感动了，他真诚地感谢诸葛亮七次不杀之恩，誓不再反。从此，蜀国西南安定，诸葛亮才得以举兵北伐。

诸葛亮七擒孟获，就是我国古代军事史上的一个“欲擒姑纵”的绝妙战例。

苏无名以智捕盗

唐代女皇帝武则天赐给太平公主许多珍玩宝物，价值连城，到年底时，这批宝物被盗。太平公主把这一情况告知武则天。武则天大怒，召来洛州的长史说："三天之内不捉住盗贼，就问你死罪！"

洛州长史拜见了以聪敏机智闻名乡里的苏无名，请求帮助破案。苏无名说："您领我面见陛下，到那时我再说出我的计谋。"

于是，他们来到宫中。武则天问苏无名："你有把握破获此案吗？"苏无名不紧不慢地回答："如果责成我捉贼，请您不要急于求成，此事只要耐心等待，就能一举成功。另外要把捕盗的吏卒，归我全权调遣。这样我一定为陛下捉来盗贼。"武则天答应了苏无名的全部要求。

苏无名出宫后吩咐吏卒缓办抓贼之事，改变以前大张旗鼓的做法。到了寒食节那天，他才把吏卒召集起来说："你们分批守候在东门和北门。看到一伙穿孝服的胡人就跟上，暗中观察他们上坟的情况。如果他们来到一座新坟跟前，上坟时只哭不悲伤，跪而无诚意，你们就抓住他们。"吏卒们出外巡查，一切果如苏无名所言。吏卒们在那伙胡人上坟的棺材里发现了丢失的珍宝。

◎唐·周昉·簪花仕女图卷◎

武则天对苏无名的才干颇为欣赏，欲知破案详情。苏无名说："我上次进入都城见您之前，发现一伙胡人抬着棺材出殡。我看他们的表情，不像刚刚失去亲朋好友，遂怀疑他们的棺材里装的是偷来的珍宝。我估计他们先把棺材埋在城外，然后等到风声不紧时再取出运走。我想，他们到寒食节那天必然还要出城，以上坟的名义运走珍宝。遂建议您破获此案不能心急，不要大张旗鼓。不急于捉拿他们不是不管不问，而是让他们放心地挖坟开棺。待他们取出罪证以后，再把他们绳之以法。"

武则天听完苏无名的欲擒故纵计谋，连声称妙，不仅送给他许多金帛，还给他官升两级。

陈赓欲擒故纵灭敌军

陈赓将军是我军赫赫有名的战将。1936年，他担任红一军团第一师师长，能够灵活地运用兵法，决不死搬硬套。按照兵法规定，十倍于敌，方可包围敌人，擒获敌人也应比敌人的兵力多而强。但陈赓将军却能在敌我兵力对比，我方并不占优势的情况下，灵活运用“欲擒姑纵”之计谋，造成兵力比敌人多的假象，三面将敌包围，“网开一面”纵使敌人出逃，而后将其消灭。

1936年初，红四方面军为向西扩大根据地，发动了潢(川)光(山)战役。6月12日，陈赓率红十二师的三个团，将驻守在双柳树的敌军两个团包围。他用一个多团的兵力佯攻敌人的东、西、南三面，而在北面给敌人留下“逃生之路”，暗中派出一个多团的兵力，伏击从北面溃逃的敌人。

这是一个很巧妙的“欲擒姑纵”的作战方案。从当时的情况看，红军取胜面临着很大困难，因为双柳树是敌人进攻苏区的一个据点，工事十分坚固，而且守敌各团装备精良。如果任其死守，我军强攻则是很难的。而陈赓在北面给敌人留出一条逃路，就可能诱使敌军放弃坚固的工事，从北面逃出，这有利于将其消灭。

12日深夜，我军按照陈赓的部署，预伏于指定地点。13日拂晓，一排迫击炮响过之后，战斗打响了，红军指战员从南、东、西三面强攻，战斗打得十分激烈。敌军摸不清我军的兵力情况。当寨墙被炸出一个缺口时，敌军果然没尽全力封堵这个缺口，而是从北面逃出。我军则迅速冲进寨子，未来得及逃走的敌两个营被我军就地全歼。随后，我军便立即向北追去。逃出寨子的敌军，正中了我军的埋伏，本来已经溃乱不堪而失去战斗力的敌军，在伏击部队与追击部队的两面夹击之下，很快被全歼，陈赓将军以计谋而获全胜。

第十七计 抛砖引玉

原文

类①以诱之，击蒙②也。

注释<<<

①类：类似、相似。

②击蒙：见《易经·蒙》卦："击蒙，不利为寇，利御寇。"意思是攻击蒙昧无知的人或国家。引申为诱导别人上当受骗。

译文

用类似的事物去诱惑敌方，使之因被蒙骗而受到意外的攻击。

评点

"抛砖引玉"原意为：用粗浅的、不成熟的意见，引出他人高明的成熟的意见，以示谦恭之意。《景德传灯录》卷十《从谂禅师》："师云：'比来抛砖引玉，却引得个墼子。'"《太平乐府》卷七元贯云石《斗鹌鹑·佳偶》曲："他道是抛砖引玉，俺却道因祸致福。"此计用在军事上是指用类似的事物去迷惑、诱骗敌人，从而借机取胜的谋计。"抛砖"的目的是"引玉"，其关键在于怎样"抛砖"。

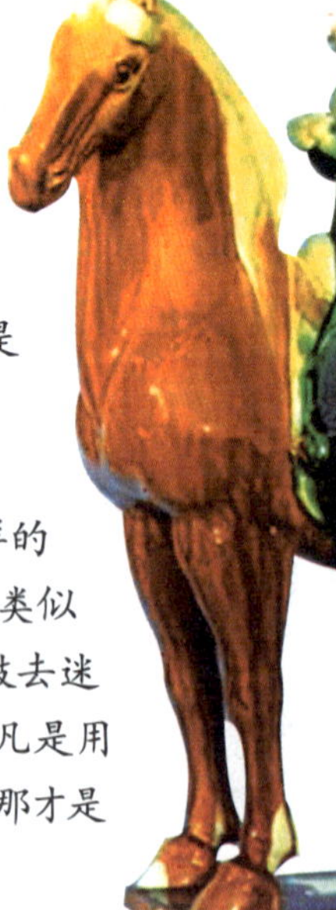

古人认为，迷惑敌人的办法很多，最巧妙的办法，不是用似是而非这样的容易引起敌人猜疑的办法，而是要用类似的方法：凡是用张设旗帜、擂响战鼓去迷惑敌人的，那是用似是而非的方法；凡是用老弱残兵、军粮柴草去迷惑敌人的，那才是用类似的方法。

经典案例

屈瑕献计取绞城

公元前700年，楚国发兵攻打绞国(今湖北省郧县西北)，大军行动迅速。楚军兵临城下，气势正旺，绞国自知出城迎战凶多吉少，便决定坚守城池。绞城地势险要，易守难攻。楚军多次进攻，均被击退。两军相持一个多月。楚国大夫屈瑕仔细分析了双方的形势，认为绞城只可智取，不可力克。他便向楚王献上一条“以鱼饵钓大鱼”的计策。他说：“攻城不下，不如利而诱之。”楚王向他详问诱敌之法，屈瑕建议：趁绞城被围月余之机，城中缺少薪柴之时，派些士兵装扮成樵夫上山打柴往回运，这时敌军一定会出来抢夺柴草。头几天，让他们先得些小利，待他们麻痹大意时，就会派大批士兵抢夺柴草。这时，先设伏兵断其后路，然后聚而歼之，乘势夺城。

楚王担心绞国不会轻易上当。屈瑕说：“大王请放心，绞国虽小却很浮躁，而浮躁则少谋略，易中计。再说，有这样香甜的钓饵，不愁它不上钩。”于是，楚王依计而行，派出一些士兵装扮成樵夫去上山打柴。

绞侯听探子报有樵夫进山打柴的情况，忙问这些樵夫有无楚军保护，探子说，他们是三三两两进山的，并无士兵跟随。绞侯马上布置人马，待“樵夫”背着柴禾出山之时，便突然袭击，果然顺利得手，抓了三十多个“樵夫”，抢到不少柴草。一连好几天，果然收获不少。见有利可图，绞国士兵出城抢夺柴草的，就越来越多了。

楚军见敌人已经吞下钓饵，便决定马上捉“大鱼”。到了第六天，绞国士兵仍像以往一样出城劫掠，“樵夫”们见绞军又来了，吓得没命地奔逃，绞国士兵紧紧追赶，不知不觉中被引入楚军的埋伏圈内。只见伏兵四起，杀声震天，绞国士兵哪里抵挡得住，便慌忙败退，却又遇上伏兵，后路也被切断了，绞军死伤惨重。楚军趁机攻城，绞侯方知中计，叫苦不迭，但已无力对抗，只得请降。

曹操“抛砖”袁绍败北

公元220年(建安五年)，曹操和袁绍在官渡(今河南省中牟县东北十二里处)地区互相对峙。袁绍兵力三四倍于曹操。袁绍派他的谋士郭图和大将淳于琼、颜良等到白马(今河南省滑县东北，古黄河南岸，与黎阳隔河相对)进攻曹操的部将东郡(今河南省濮阳县西南)太守刘延。袁绍自己也带兵进抵黎阳(今河南省浚县东南，古黄河北岸)准备南渡黄河。4月，曹操北上援救刘延。曹操的谋士荀攸献计说：“现在我军兵少势弱，难以抵挡袁军，必须分散敌人的兵力，才可以取胜。您带部分人马到延津(古黄河渡口，在今河南省延津县)去，摆出要北渡黄河攻击敌人后方的架势。这样袁绍势必会西来应战，然后我们以轻装部队回师白马，乘敌没有准备的时候突然袭击，颜良一定会被我们活捉。”曹操采纳了荀攸的建议，分兵开赴延津，引诱袁绍上钩。果然，袁绍中计，以为曹操要在延津北渡黄河袭击自己的后方，就赶紧率领主力到西边去堵截。而曹操却以精锐骑兵，轻装回袭白马。这时，围攻白马的袁绍大将颜良，根本没有防备。当时在曹军中的关羽带领一支军队，以迅雷不及掩耳之势，挥动青龙偃月大刀，所向披靡，斩颜良于千军万马之中，颜良的部属几乎都被曹操所俘虏。

袁绍眼见损失一员大将和近万兵马，气得七窍生烟，准备全军出动，强夺官渡。当时谋士沮授劝他，应用小部兵力去进攻，大部兵力驻扎在延津，等到取得初步胜利之后再迎接主力进驻官渡；否则有了失误，而无另一支军队策应，将导致全军覆没。但袁绍不但不听，反而削去了谋士沮授的军权。曹操得知袁绍的大军正向官渡逼近，便和谋士荀攸共商对策，决定按照荀攸的建议，用“抛砖引玉”的办法破敌。于是，立刻命令骑兵火速赶到延津附近，卸下马鞍，留下辎重，并且把马也放了，然后隐蔽起来等待命令。不久，袁绍的另一员大将文丑作为先头部队果然来了。但曹操仍然静待

◎漆马鞍◎

战机，直到袁绍的大队人马赶到，正在动手抢夺曹军有意丢弃的那批辎重马匹之时，才下令发动突然袭击。曹操的军队有如“飞将军从天而降”，袁军惊慌失措，顿时大乱，袁军的大将文丑，首先在混乱中被关羽砍下马来。大将被斩，袁军士卒像没头的苍蝇，东撞西窜，溃不成军，完全丧失了战斗力，又无处可逃，只好举手投降。延津这一仗，曹军俘虏了文丑的全部兵马。曹操这两次胜利，使袁绍接连损兵折将，士气遭受沉重打击，为夺取官渡战役的全面胜利创造了有利的条件。

西北野战军乘隙取蟠龙

1947年5月初，国民党军队在经过青化砭、羊马河战役惨败之后，把主力龟缩在蟠龙一带。我西北野战军欲攻取蟠龙，就必须将其主力调开，乘隙破敌。

为达此目的，西北野战军便以多路小分队向绥德方向佯动。敌军从空中侦察到这一情况，又见我军在绥德、米脂以东的黄河渡口调集了大批船只，便以为我军主力欲东渡黄河，于是，便以重兵北上，寻歼我军。

这时，我军便以“抛砖引玉”之计，以部分兵力对北进之敌进行佯攻：边抗击，边退却，并在沿途有意丢下符号、物资等。敌军则是更加穷追不舍。当敌军主力被牵制在绥德一带时，我军主力对孤立无援的蟠龙守敌发起总攻，将其全歼。

美军的诱敌电报

第二次世界大战期间，美国军队的一个破译小组，在日军偷袭珍珠港以后，从截获日军发往太平洋日军的许多电报中，发现电文经常出现“AF”这两个字母。美军破译小组的专家们推断，“AF”可能是指中途岛。

为了进一步查实，中途岛上的美国海军司令尼米兹受命用“抛砖引玉”之计，以浅显的英语拍发了一份诱敌的无线电报，内容假称中途岛上的淡水设备发生了故障。不久，美军便截获了一份日军密电称：“AF很可能是缺少淡水。”

美军的推断在得到证实后，便将计就计，以此为突破口，乘隙追踪，不断设置陷阱，顺利破译了反映日军舰队计划全貌的日方电文。于是，美军情报机构不仅弄清了日军正在计划夺取中途岛，而且还查明了日军参战兵力、人数，甚至部队单位、各舰舰长以及舰只的航线，为赢得后来进行的中途岛之战的胜利，争得了主动权。

茅台酒香飘巴拿马

茅台酒出产于贵州省怀仁县茅台镇，被誉为我国八大名酒之冠，更跻身于世界三大名酒之列。清朝嘉庆年间《怀仁县志》的物产篇中写道："城西茅台村制酒，全黔称第一。"之后的《遵义府志》中又记载："怀仁城西茅台村制酒，黔省称第一。"可见，茅台酒很早就极负盛名。此后，茅台酒的酿制因为种种原因中断，而且以后的酒房规模也很小，出售地又多限于茅台、贵阳等本地一带，但酒房名称未变，其工艺也一直流传了下来。

1915年，美国为庆祝巴拿马运河通航，在旧金山举行巴拿马万国博览会，当时的民国政府农商部将茅台酒作为参展酒，送到博览会展出。在博览会上，各国送展的商品琳琅满目，美不胜收。然而中国的茅台酒因为包装陈旧，根本无人品尝，更不要说参加评选了，这使参加展览的中国人员极其尴尬。

这时，参加博览会的茅台酒师王奎眉头一皱，计上心来。他将中国茅台酒从花花绿绿的各国名酒中挑了出来，走到展厅最热闹的地方，猛然将酒瓶摔在地上。酒瓶落地，顷刻间，一股浓郁的酒香弥漫了整个大厅，沁心扑鼻，气味醇厚，经久不散，立即震惊了整个会场，人们齐声称赞好酒。各国评选委员立即开始品尝茅台酒，重新进行评定。结果，茅台酒被评为世界第二大名酒。从此，习惯喝香槟、白兰地的外国人，终于被中国茅台酒的魅力所折服，茅台酒名声大振。

第十八计 擒贼擒王

原文

摧其坚，夺其魁，以解其体。龙战于野，其道穷也①。

注释 <<<

①龙战于野，其道穷也：出自《易经·坤》卦。意思是蛟龙只有在大海或云雨之中才能施展其强大的本领，如果在原野中，只能是死路一条。

译文

摧毁敌军的主力部队，捉获它的首领，以使其整体瓦解。这如同与离开海洋的蛟龙激战于田野一样，那是一次殊死的战斗。

评点

“擒贼擒王”的原意是：用以比喻做事要先抓住要害。杜甫《杜工部草堂诗笺》卷五《前出塞》之六：“射人先射马，擒贼先擒王。”《悟真射法拾遗》：“马上之贼，只当重大的，射马不可射人。谚云‘射人先射马，擒贼先擒王’是也。”此计用于军事方面，是指要首先打垮敌军的主力，捉拿敌军的将领，使之彻底瓦解的谋略。擒贼擒王，就是要在交战中，抓住要害，首先捕杀敌军首领或摧毁其首脑机构，从而使敌方陷于混乱状态，以便于我方彻底击溃之。如果错过时机，放走了其主力和首脑，就如同放虎归山，留下无穷的后患。

古人认为，要战胜敌人就不能不借机扩大战果。如果只满足于小胜，而失去了获取大胜的战机，即使减少一些伤亡，但是敌军主力仍没被摧毁，就会给指挥将领造成很大的困难，甚至前功尽弃。在战斗中，不去消灭敌军主力，并俘获其首领，那就如同放虎归山，后患无穷。俘获敌军首领的方法，不要只辨识其旗帜，还应观察其在阵地上的动向。

经典案例

毛遂计挟楚王救赵

公元前260年，秦国大将白起率军攻打赵国，长平一役，赵军大败，数十万人投降后被活埋。赵国元气大伤，闻秦丧胆。两年后，秦国又大举进攻赵国，秦军将赵国都城邯郸团团围住，情况十分危急。赵王决定派平原君出使楚国，向楚国求救。

平原君临行之前，决定从门客中挑选出二十名文武双全的人随同前往。可是挑来挑去，只挑出了十九个比较满意的，还差一个人却怎么挑也挑不出来了。平原君正伤脑筋，毛遂主动站了出来，凑齐了二十人的数。平原君带着他们二十人连夜赶往楚国。

平原君一行人到了楚国，游说工作非常不顺利，从旭日初升一直商谈到正午，向楚王阐述联合抗秦的重要，却都无法说服楚王。

正当大家不知道该怎么办才好的时候，毛遂手按佩剑，对平原君说："合纵抗秦这件事，利害得失一句话就说清楚了，怎么会从日出谈到中午还不能决断呢？"

◎金冠◎

楚王见一个随从竟然如此倨傲无礼，怒斥说："你是什么人？我和你主人讲话，哪有你插嘴的份？"

毛遂毫无惧色，按着佩剑一直走上台阶，来到楚王前面，说："大王斥责我，无非是仗着楚国人多势众。但现在咱们相距不到十步，大王的性命现在掌握在我的手中！"

接着，毛遂话锋一转，说："楚国兵多将广，地大人多，有精兵几百万，即使称霸诸侯，也没有什么令人惊奇的。然而白起一个鼠辈，率领区区几万人攻打楚国，占领了你们大片土地，一举夺去鄢、郢两座城池，火烧夷陵，毁了楚国的宗庙，羞辱了楚国的祖先，这是百世难解的怨仇，连我们赵国都替你们感到羞愤，大王却不以为耻。赵国提议两国联合抗秦，也是在替你们楚国报仇啊!”

毛遂一席话，说得楚王哑口无言，终于决定同意两国结盟，订下和约，并立刻发兵支援赵国，解了邯郸之围。

张巡巧使秸秆箭

唐安史之乱期间，安禄山气焰嚣张，连连大捷。安禄山之子安庆绪派部将尹子奇率十万大军进攻睢阳(今河南商丘县南)。御史中丞张巡驻守睢阳，见敌军来势凶猛之状，决定固守城池。尹部二十余次攻城，均被击退。尹子奇见士兵已经疲惫不堪，只好鸣金收兵。晚上，尹部刚刚准备休息时，忽听到城头战鼓隆隆，喊声震天。尹子奇便急令部队准备与冲出城来的唐军激战。而张巡则“干打雷不下雨”，不时擂鼓，像要杀出城来，可是一直紧闭城门，没有出战。

尹子奇的军队被折腾了一整夜，没有得到休息，将士们已经极度疲乏，眼睛都睁不开了，便倒在地上呼呼大睡起来。这时，城中突然一声炮响，张巡率领守军冲杀出来。敌兵从梦中惊醒，惊慌失措，乱作一团。张巡一鼓作气，接连斩杀五十余名敌将、五千余名士兵，敌军更为慌乱。

这时，张巡急令捉拿敌军首领尹子奇，部队便一直冲至敌军的帅旗之下。但是张巡从未见过尹子奇，根本不认识他；现在，尹子奇又混在乱军之中，更加难以辨认。张巡心生一计，让士兵用秸杆作箭，射向敌军。敌军中不少人中箭，他们以为这下没有命了。但是，他们马上发现中的是秸杆箭，心中大喜，以为张巡军中已经没有真箭了。于是，便争先恐后地去向尹子奇报告这情况。

张巡见状，立即辨认出了敌军首领尹子奇，便急令神箭手、部将南霁云向尹子奇放箭，正中尹子奇的左眼。这回可是真箭。只见尹子奇鲜

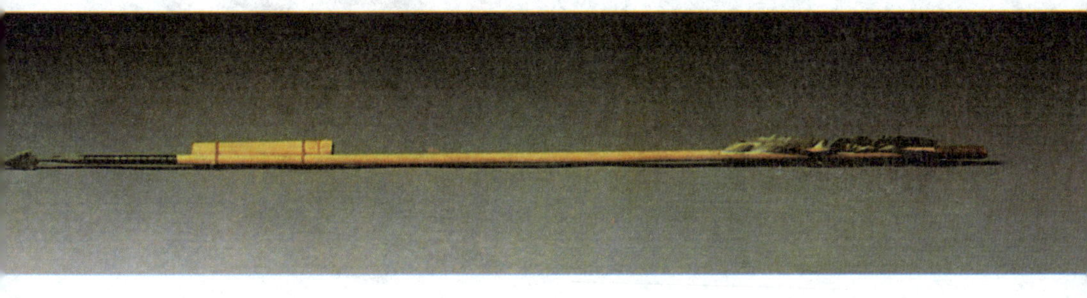

◎火箭 明◎
在箭支前端缚火药筒，利用火药向后喷发产生的反作用力反箭发射出去，这是世界上最早的喷射火器。

血淋漓，抱头鼠窜，仓皇逃命而去。敌军在一片混乱中大败而逃。

明英宗被擒

明英宗宠幸太监王振。王振是个奸邪之徒，恃宠专权，朝廷内外，没有人不害怕他。

当时北方瓦剌逐渐强大起来，有觊觎中原的野心。王振拒绝了大臣们在瓦剌通往南方的要道上设防的建议，千方百计讨好瓦剌首领也先。公元1449年，也先亲自率领大军攻打大同，进犯明朝。明英宗决定御驾亲征，命王振为统帅。粮草没有准备充分，五十万大军仓促北上。一路上，又连降大雨，道路泥泞，行军缓慢。也先闻报，满心欢喜，认为这正是捉拿英宗、平定中原的大好时机。等明朝大军抵达大同的时候，也先命令大队人马向后撤退。王振认为瓦剌军是害怕明朝的大部队，畏战而退，于是下令追击瓦剌军。也先早已料到，就派骑兵精锐分两路从两侧包围明军。明军先锋朱瑛、朱晃遭到瓦剌军伏击，全军覆没。明英宗无可奈何，只得下令班师回京。

明军撤退到土木堡，已是黄昏时分。大臣们建议，部队再前行二十里，到怀来城凭险据守，以待援军。王振以车辆辎重未到为理由，坚持在土木堡等待。也先深怕明军进驻怀来，据城固守，所以下令急追不舍。在明军抵达土木堡的第二天，也先就趁势包围土木堡。土木堡是一高地，缺乏水源。瓦剌军控制了当地唯一的水源土木堡西侧的一条小河。明军人马断水两天，军心不稳。也先又施一计，派人送信给王振，建议两军议和。王振误以为这正是突围的好时机，急令部队往怀来城方向冲出。这一下正中也先诱敌之计。明军离开土木堡不到四里地，瓦剌军从四面包围。明英宗在乱军中，由几名亲兵保护，几番突围不成，终于被

◎明代黄花梨杌子◎

也先生擒。王振在仓皇逃命时，被护卫将军樊忠一锤打死。明军没有了指挥中心，溃不成军，五十万大军全军覆没。

陈毅智胜孟良崮战役

陈毅元帅是一位英勇善战、精通战略战术的骁将。在解放战争中，在著名的孟良崮战役，他灵活运用“擒贼擒王”的计谋，围歼国民党王牌军七十四师。

1947年3月，国民党发动了对山东解放区的重点进攻。4月上旬，打通了徐州至济南的铁路线，并占领了临沂公路，随即便向鲁中沂蒙山区进犯。

蒋介石先后调集了二十四个整编师、六十个旅，共约四十五万人的兵力。其中，以整编十一师、第五军和七十四师为主力部队。而七十四师则是蒋介石的宠儿，是他的五大主力中的主力，是国民党王牌部队。蒋介石把这支嫡系部队培养成“模范军”和“精锐之师”，花了很大的血本，倾注了大量的心血。

敌人在进攻的战术上，采用了“硬核桃”和“烂葡萄”的战术。这一招蒋介石是费了一番苦心的。他把嫡系主力作为“硬核桃”放在中间，而两翼放置的则是作为“烂葡萄”的杂牌军。按照这样的部署，如果我军插入其中去打“硬核桃”，不仅敌七十四师、十一师、新五军这三个主力能够互相策应，它的两翼的“烂葡萄”也可以进行策应，这个“硬核桃”也就啃不动了。反之，如果我军先去打它的两翼，它可以先牺牲几个“烂葡萄”，待我军打上几仗，弄得精疲力竭之时，它的主力部队就会突然从正面袭来。蒋介石以为这下可以万无一失了。

面对敌人的进攻，陈毅元帅在耐心地寻求战机。5月11日，敌第一兵团司令官汤恩伯迫不及待，不等王敬久和欧震两个兵团战前协调统一行动，便指挥所属八个整编师独自向我沂水、坦埠方向进击。就在这一天，敌七十四师在左翼二十五师和右翼八十三师的配合下，也向坦埠扑来。

按以往惯例，我军往往先打弱敌，但是，面对敌七十四师的疯狂进攻，陈毅元帅果断决定来个反其道而行之，“擒贼擒王”，先打七十四师。他部署采取正面突击、分割两翼、断敌退路、四面包围和阻击南北各部援敌的打法，迎击敌七十四师于坦埠以南、孟良崮以北地区，将其从敌人重兵集团中分割出来，予以围歼。

◎雁门关◎

第四套 混战计

第十九计 釜底抽薪

原文 

不敌其力，而消其势，兑下乾上之象①。

注释 <<<

①兑下乾上之象：出自《易经·履》。兑代表泽，乾代表天。有以柔克刚之意。

译文 

在我方的力量还不足以战胜敌方之时，可以削弱它的气势。这就必须运用以柔克刚的战法取胜。

评点 

“釜底抽薪”其语义出自北齐魏收《为侯景叛移梁朝文》：“若抽薪止沸，剪草除根。”其原意用以比喻从根本上解决问题。《太平天国·从军纪事》：“贼恐其党羽临阵来临，不敢出战，大有釜底抽薪之效。”此计用于军事上，则指在战争中主要不靠正面攻击取胜，而是设法攻击敌方的弱点，如粮草辎重、水源、归路等，借以削弱它的战斗力，从而把它击败。

古人认为，锅水的沸腾，是靠着一种力量，那就是火的力量。火烧得越旺，火势就越大，就越发迅猛而不可阻挡。柴草是火的灵魂，也就是火势的根基。但是，柴草本身却不凶暴，靠近它也不会受到伤害。所以，强大的力量虽然不可阻挡，但是从气势上使之自行瓦解的妙计，还是有的。尉缭子说：“士气旺盛，就投入战斗；士气不旺，就避开敌人。”而削弱敌人士气最好的方法则是攻心战。

经典案例

勾践蒸粟还粮

春秋时期，诸侯割据，纷争不断，吴、越两国曾发生了一场战争，越国被打败，越王勾践臣服吴王。为蒙骗吴王，勾践甘愿充当吴王的马夫，以下等人身份来伺候吴王。几年后，吴王允许其回国主政。勾践回国后，卧薪尝胆，暗中备战，欲灭吴雪耻。在越国，勾践亲自带头参加农业生产，并轻徭薄赋，国内生产逐渐恢复和繁荣起来，人丁旺盛，国力日强。而吴国此时伍子胥等忠臣被害，又遇旱灾，连螃蟹、水稻都干死了，吴王夫差还多次北上，与中原的诸侯会盟，搞得国内怨声载道。越国为麻痹吴国，勾践向夫差请借一万石粮食，并说越国正陷入更加严重的灾荒，以此向吴国示弱。越国借吴国的粮食到了第二年就应归还。勾践和谋臣文种在谈此事时说：“如果我们不还粮食，吴王就会借此兴兵进攻越国；如果把粮食还给吴国，这无异于资敌，吴人获此如雪中送炭。怎样才能两全其美呢？”文种献计说：“看来粮食是一定要还的，只有在还的粮食上做些手脚。我们从粮食中精选出一部分，蒸熟后还给吴国，这样就会有好戏看了。”

吴国人见越国送还的粮食粒大而饱满，高兴不已。到第二年春，许多人把这些粮食当做良种来播种，满以为会有更好的收成。结果，被蒸过的粮食种子根本就不可能发芽，更不用说生长了。到了秋天，

◎卧薪尝胆勾践灭吴国◎

吴国大片良田颗粒无收，粮荒更加严重，国力大减。越王趁机进攻吴国，并迅速占领了吴国。

勾践还蒸熟之粮，使吴国的饥荒雪上加霜，真可谓釜底抽薪，削弱了吴国国力，为他最终报仇灭吴创造了条件。

周亚夫计平叛乱

公元前154年，野心勃勃的吴王刘濞，串通六个诸侯国，联合发兵叛乱。他们首先攻打忠于汉朝的梁国。汉景帝派周亚夫率三十万大军前去平叛。这时，梁国也派人向朝廷求援，说刘濞大军攻势强劲，梁国损失惨重，已经抵挡不住了，请朝廷急速发兵援救。景帝又命令周亚夫发兵前去梁国解危。面对严峻的形势，周亚夫认为，刘濞所率领的吴楚大军，素来强悍无比，如今士气正旺。若与他们正面交锋，恐怕难以很快取胜。景帝问周亚夫准备用什么计谋打败敌军。周亚夫说：敌方发兵征伐，粮草供应特别困难，我方如能断其粮道，敌军定会不战自退。

荥阳(今河南省荥阳县东北)是扼守东西二路的要冲，必须抢先控制。周亚夫派重兵控制荥阳后，便兵分两路袭击敌军的后方：派一支部队袭击吴、楚供应线，以断其粮道；他本人亲自率领大军袭击敌军后方重镇冒邑，很快攻下冒邑。而后，周亚夫下令加固营寨，准备坚守。

刘濞闻讯大惊，他无论如何也没想到周亚夫根本不同他正面交锋，却神速般地包抄了他的后路。于是，他立即下令队伍迅速向冒邑

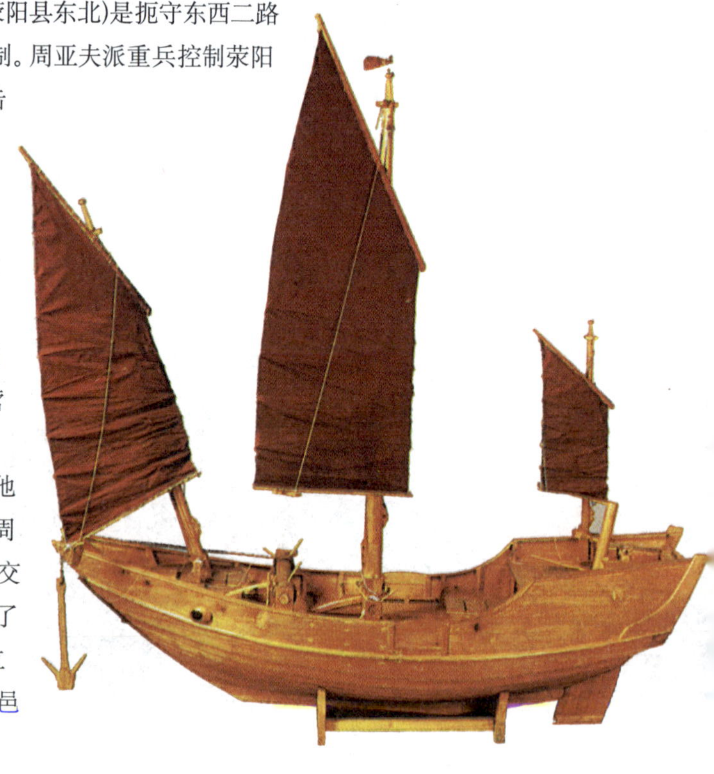

◎泉州海船（模型） 南宋◎

开进，以攻下冒邑，打通粮道。刘濞的数十万大军气势汹汹，扑向冒邑。而周亚夫则避其锋芒，坚守城池，拒不出战。敌军多次攻城，都被城上的乱箭射回。刘濞无计可施，数十万大军只好驻扎城外，而粮草却已经断绝。双方就这样对峙了几天，周亚夫看到敌军经数天的饥饿之后，士气大为衰弱，已经毫无战斗力了。周亚夫认为时机已到，便调集军队，突然发起猛攻。精疲力尽、软弱无力的叛军不战自乱。叛军大败，刘濞落荒而逃，在东越丧命。

鄱阳湖大战

元朝末年，群雄并起，军阀混战。为统一全国，削平群雄，推翻元朝，朱元璋南征北战，发动了凌厉的攻势。

在军事部署上，朱元璋接受了刘基的建议。他分析当时的形势是：张士诚只满足割据，没有什么可怕；陈友谅挟徐寿辉胁迫群臣，又占据上游，时时企图来攻打我们，应该先把他消灭。陈友谅一死，张士诚势孤，很快就可以征服。那时再出兵中原，定能成功。朱元璋根据这个判断，把主力放在西线对付陈友谅。

◎明太祖朱元璋雕塑◎

陈友谅不久谋杀了徐寿辉，篡夺了天完政权，同时加紧备战。1363年4月，他乘朱元璋北上救援小明王尚未回师的时刻，率部沿江而下，包围洪都。洪都守将朱文正苦守了八十五天，7月，朱元璋亲率二十万大军来救。陈友谅退至鄱阳湖迎战，于是爆发了中国古代规模最大的一次水战——鄱阳湖大战。

论当时双方兵力，陈友谅占有绝对优势。他拥兵六十万，楼船数百艘，特制的楼船高数丈，外涂红漆，上下三层，每只楼船上有用铁皮包的小船几十只。而朱元璋只有二十万兵力，用的全是小船。为了便于作战，陈友谅用铁索把战船连在一起，摆开长蛇阵，而朱元璋的船小，难敌陈友谅的进攻。朱元璋的指挥船一度被围，幸亏副将韩成急中生智，换上朱元璋的衣冠，面向敌军跳入湖里，敌人以为朱元璋已死，才放松了进攻，使朱元璋绝处逢生。

在此危机之时，朱元璋接受郭兴的建议，使用火攻。朱元璋命敢死勇士驾驶满载火药、芦苇的渔舟，冲向敌阵。这天下午，恰逢东北风起，小船顺风而去，逼近敌船时，立即点火。陈友谅望见小船驶来，命令士兵严阵以待，没有防火攻的准备。小船靠上大船后，一时火借风势，风助火威，陈友谅数百艘战船皆起火，烟火遮天，湖水皆赤，陈友谅的人被烧死和淹死者近半数，陈友谅之弟友仁、友贵等大将被烧死。朱元璋乘机发兵，大举掩杀，同时，抢先移战船到湖口，断其归路，并以火船、火筏层层包围，陈友谅被飞箭射死，全军溃败。

陈友谅的连环巨船最致命的弱点是转动不便，害怕火攻，朱元璋以火攻对陈友谅的巨船恰如釜底抽薪，毁船而败其军。

计除“铁滚扫荡”

1943年10月1日，日军以二万多兵力，在飞机的配合之下，兵分三路对太岳抗日根据地进行所谓“铁滚扫荡”。冈村宁次亲自担任总指挥。东京参谋部为研究“铁滚战术”，特地从各地抽调中队长以上的军官一百八十多名组成参观团，来到太岳前线参观。八路军为打乱敌人的部署，采取了“釜底抽薪”之计谋，不久，歼敌战地参观团。

10月23日，第一二九师一部在临汾附近的韩略村西南，利用公路两侧的有利地形设伏。次日，敌人便进入伏击圈，八路军掐头去尾予以猛烈攻击，将敌参观团全部歼灭。这一仗，使日军锐气大挫，打乱了它的战略部署，其兵力也被迫分散，所谓“铁滚扫荡”就这样迅速夭折了。

釜底抽薪除威胁

在马尔维纳斯群岛之战中，由于阿根廷军队拥有先进的飞鱼式导弹，而英国军队则没有能与飞鱼式导弹相对抗的武器，这使英舰受到很大的威胁。为了消除这种威胁，英军决定用“釜底抽薪”的计谋，以摧毁运载飞鱼式导弹的“超级军旗”飞机。

1982年5月20日，英军代号为“SAS”的十六名特种空勤部队突击队员，乘潜艇在阿根廷登陆，潜入停放“超级军旗”飞机的里奥加列戈斯空军基地，将其全部炸毁(当时只有少数几架飞机停放在另一机场，方得以幸免)。从此，阿军的“超级军旗”战斗机很少出现在战场上，英国军舰的最大的威胁方得以消除。

◎玉门关◎

第二十计 混水摸鱼

原文

乘其阴[①]乱，利其弱而无主[②]，随，以向晦入宴息[③]。

注释 <<<

①阴：内部、内里。

①主：主见、主义。

①随，以向晦入宴息：出自《易经·随》卦。随：随从。向：通“像”。晦：夜晚。宴息：即休息。意思是人应有规律地作息，夜晚来临就要进入休息状态。

译文

借敌方内部混乱之机，利用它的软弱无力而又没有主见的弱点，使之顺从于我方，就像人们顺从天时吃饭、休息一样。

评点

“混水摸鱼”又作“浑水摸鱼”，原意用以比喻趁混乱之机捞取好处。《兵法圆机·混》：“混于虚，则敌不知所击；混于实，则敌不知所去；混于奇正，则敌不知所变化。混于军、混于将，则敌不知所识。而且混敌之将以赚军，混敌之军以赚将，混敌之军将以赚城营。同彼旌旗，一彼衣甲，饰被装束相貌，乘机窜入；发于腹，攻于内，彼不识，我自别。而彼不能别者，精于混也。”此计用于军事，是指当敌方混乱不堪时，我方则乘机出击，夺取胜利的谋略。当然，这个时机不能等待，而应主动去制造。

古人认为，在动荡混乱的形势下，总是存在着几种相互冲突的力量。而弱小者依从谁或反对谁都没有确定，敌方又多半被蒙蔽而无觉察，我方则应当果断地随手把它们夺取过来。

经典案例

诸葛亮计取荆州

在著名的赤壁之战中，曹操吃了大败仗。为了防止孙权北进，曹操派大将曹仁驻守南郡(今湖北省公安县)。这时，孙权、刘备都想攻取南郡。

周瑜正在得志之时，下令发兵攻取南郡。刘备也把军队调到油江口(今湖北省公安县北)驻扎，两眼却死死盯住南郡。周瑜表示：为了攻取南郡，我东吴花多大的代价都行，南郡唾手可得，刘备休想做夺取南郡的美梦！刘备为了稳住周瑜，首先派人到周瑜营中去祝贺。周瑜心想：我一定去见见刘备，看他打的什么算盘。于是，在第二天，周瑜亲自来到刘备营中回谢。在宴席上，周瑜单刀直入地问刘备：你驻扎油江口，是不是要攻取南郡?而刘备却说：听说都督要攻打南郡，特来相助。如果都督不攻取，那我就去占领。周瑜听后大笑说：南郡指日可下，为何不取?刘备说：都督不可轻敌，曹仁勇不可挡，能不能攻下南郡，还很难说。周瑜一向狂傲自负，听刘备这么一说，便很不高兴，脱口而出：我若攻不下南郡，就听任豫州(即刘备)去攻取。刘备盼的就是这句话，马上说：都督说得好，子敬(即鲁肃)、孔明都在场，就让他们作证吧。我先让你去攻打南郡，如果攻不取，我就去攻取。你可千万不能反悔啊！周瑜一笑置之，哪会把刘备放在心上?周瑜走后，诸葛亮建议按兵不动，让周瑜先去与曹兵厮杀。

周瑜发兵，先攻下彝陵(今湖北省宜昌市)。之后乘胜攻打南郡，却中了曹仁的诱敌之计。他本人中箭而返。

曹仁见周瑜中了毒箭，伤势很重，非常高兴，便每天派人到周瑜营前叫战。周瑜只是坚守营门，不肯出战。一天，曹仁亲自带领大军，

◎一窝蜂（模型）◎
这是明代的筒形火箭架，它把几十支火箭放在一个大木筒里，引线联在一起，用时点总线，几十只箭齐发，宛如群蜂蜇人，故称“一窝蜂”。

前来挑战。周瑜带领数百骑兵冲出营门，大战曹军。交战不多时，忽听周瑜大叫一声，口吐鲜血，坠于马下，被众将救回营中。原来这一着是用以欺骗敌人的计谋，进而故意传扬周瑜中箭身亡的消息；周瑜营中奏起哀乐，士兵们也都戴了孝。曹仁闻讯，则大喜过望，决定借周瑜刚刚死去、东吴军无心恋战的时机，前去劫营，以便割下周瑜的首级，到曹操那里去邀功请赏。

当晚，曹仁率大军前去劫营，曹营中只留下陈矫带少数士兵守护。曹仁率军趁黑夜之机冲入周瑜大营，但见周瑜营中寂静无声，空无一人。曹仁情知中计，便急忙退兵，但是已经来不及了。只听得突然一声炮响，周瑜率兵从四面八方杀了过来。曹仁好不容易冲出包围，退返南郡，却又被东吴伏兵半路阻截，曹仁只好向北夺路而逃。

周瑜大胜曹仁后，立即率军直奔南郡。但是，当周瑜率部赶到南郡时，却只见南郡城头布满旌旗。原来，赵云已奉诸葛亮之命，

乘周瑜与曹仁激战正酣之时，轻易地攻占了南郡。诸葛亮又利用搜得的兵符，连夜派兵冒充曹仁的援军，轻而易举地骗取了荆州(今湖北省江陵县)、襄阳(今湖北省襄樊市)。周瑜此时才知上了诸葛亮的大当，气得昏了过去。诸葛亮巧施“混水摸鱼”之计，获取大胜。

混水摸鱼戏日军

1942年3月7日，两万多日军、七千多伪军和上百艘汽船，向微山湖中的微山岛扑来，妄图摧毁湖区的抗日根据地。当时，岛上只有运河支队、微湖大队、铁道游击队等五百余人。

面对数十倍于我的敌人，水上区委沉着应战，采取“混水摸鱼”之计谋，打击敌人，组织撤退。第一天，我军乘敌人登陆步兵立足未稳之机，便毙敌一百多人。次日凌晨，游击战士穿上日军服装，打着日军旗帜，乘敌不备之机，又打死打伤一些敌军，然后便迅速转移到山里。敌人追上来时，发现山谷里有一群日军，便以为是化了装的游击队，争相开火，对方猛烈还击，结果，日军自相残杀了一百七十多人。

阿登战役智戏美军

1944年12月，希特勒发动了阿登战役。在这次战役中，一名德国上校军官挑选两千名能讲流利英语的士兵，穿上美军制服，驾驶着缴获的美军坦克，搭乘着美制卡车和吉普车，乘其主力突破美军防线薄弱部的机会，混入了美军后方。

这伙冒险分子混水摸鱼，在美军防御腹地阻断交通、割断电线、攻击毫无防备的美军留守人员。有的甚至取代被杀死的美军士兵，站在交通路口指挥来往车队，把美军的运输弄得一团糟。

精工混水摸鱼胜星辰

在日本钟表业，精工表一向居领导地位，紧追在后的星辰表自然不服气，无时不绞尽脑汁，企图取而代之。经过无数次的策划研讨

◎南北朝武士俑◎

会议，星辰表终于想出一个绝妙的主意，配合新型防震表，展开了两个大型的活动。

首先，星辰表宣布将在某年某月某日某时某分，将新表用直升飞机载运到东京银座上空一百公尺处，然后将表抛下，保证新表落地以后仍行走正常。消息一经发布，立即引发了无数民众的好奇心。是日，抛表地点万头攒动，传播媒体更是争相报道；电视立即转播，报纸大幅刊载，效果空前理想。

第一个活动如此成功，第二个活动于是紧接着展开。星辰表宣布，将于某年某月某日某时某分，将一百块新表分置于数个小篮中运到北海道，然后将之丢入海中随波逐流。其中五十块预定半个月后在海参崴捞起，另外五十块预定于三个月后在美国西海岸捞起，捞起后的一百块新表，保证行走如常。

这两场防震防水的空前演出，使得星辰表红得发紫，星辰员工欢喜若狂，认为这个攻击行动，必定能一举打败精工表，“取而代之”的夙愿眼看就要实现了，可是他们高兴得太早了。

精工表目睹了对手这两场精彩的演出，立即紧急总动员，拟妥了一招“混水摸鱼”的巧计。

在所有售卖钟表的店铺，精工都摆设了一个大型的热带鱼水箱，内置新型精工表一块，配合POP强调它的“防震防水”功能，并与店铺人员取得默契。当顾客感染“星辰热”到店里欲购买新表时，若未指名或记不清品牌，店铺人员即告诉顾客，鱼箱中的新表就是他要的防震防水表。

这一妙计，使得精工表力保江山，星辰表的努力大打折扣。荣冠最后还是戴在精工表的头上。

◎山海关◎

第二十一计 金蝉脱壳

原文

存其形，完①其势，友不疑，敌不动。巽而止，蛊②。

注释 <<<

①完：保持、保存。

①巽而止，蛊（gǔ）：出自《易经·蛊》卦。曰：“蛊，刚上而柔下，巽而止，蛊。”巽：顺，伏。蛊：迷惑，祸患。意思是趁着敌人迷惑的时候转移兵力，从而躲避祸患。

译文

保持阵地的原形，造成强大的声势，使友军不怀疑，使敌方也不敢轻举妄动。而我方却可以在敌方极其困惑之中，秘密地完成主力的转移。

评点

“金蝉脱壳”又作“脱壳金蝉”，原意用以比喻用计逃脱，而使对方不能及时发觉。《元曲选》关汉卿《谢天香》第二折：“便使尽些伎俩，干愁断我肚肠，觅不的个脱壳金蝉这一个谎。”元惠施传奇剧本《幽闺记》第七出《文武同盟》：“曾记得兵书上有个金蝉脱壳之计。”此计用于军事上，是指用伪装的办法，摆脱敌人，撤退或转移主力，以实现战略目标的计谋。

古人认为，要仔细明察敌人的态势，如果发现别处有敌人，就必须保持原来的阵势而分兵对敌。运用这一计策，并非一走了之，它是分兵合击胜敌的战术。因而，在我方主力转移之后，仍要旗帜招展、战鼓齐鸣，很逼真地保持原来的阵势。这样，就可以使敌人不敢轻举妄动，而友军也不会怀疑。“金蝉脱壳”计，就是在对敌作战时，暗中抽调精锐部队去袭击别处敌军的计谋。

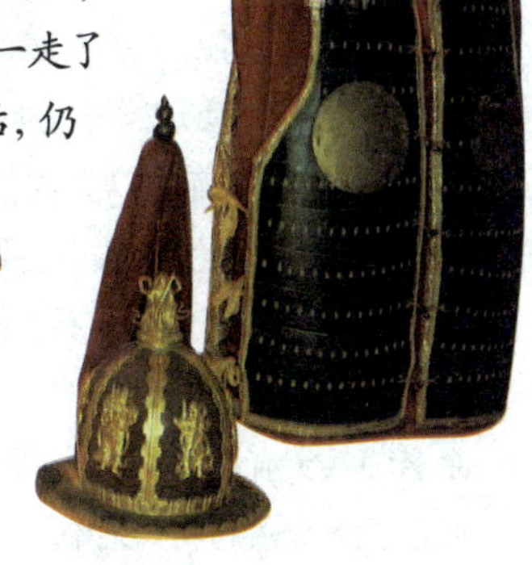

经典案例

李广以进为退巧脱身

西汉时，匈奴人大规模地侵入上郡，皇上就派一个他很喜欢的宦官跟着李广一起率领军队，抗击匈奴。那位宦官带着几十名骑兵，放马驰骋。他们遇见了三个匈奴兵，就打起来。匈奴兵转身放箭，射伤了那位宦官，并杀死了宦官所带的大多数骑兵。那位宦官逃奔到李广那里，李广说："那些匈奴兵必定是射雕的能手。"

于是，李广就率领一百多名骑兵，飞马追赶那三个人。李广命令他的部下从左右两翼包抄上去，李广亲自向那三个匈奴兵射箭，杀死了其中的两个人，活捉了一人，他们果然是匈奴射雕的好手。李广命令士兵把活捉的那个匈奴战士绑在马上，这时看见匈奴的几千骑兵奔来。这些匈奴骑兵看见李广的骑兵，以为是汉朝的诱骑，感到很惊奇，就上山布阵。

李广的一百多名骑兵都感到极为恐惧，想策马奔逃。李广说："我们离大军已有几十里远了。现在若奔逃，匈奴人一旦追赶上我们，就会立即把我们全部射死。如果我们留下来，匈奴人一定会以为我们是汉朝的诱骑，必定不敢向我们进击。"李广向骑兵发布命令说："前进，前进。"李广的骑兵到了离匈奴大军不过两里的地方，停了下来。李广命令道："都下马，并解下鞍子！"他的部下说："敌人多，而且隔得又近，如果有紧急情况出现，那该怎么办呢？"

李广说："匈奴以为我们要走，现在我们却下马解鞍，以此来使敌人产生错误判断。"于是，匈奴兵不敢进击李广的骑兵。有一位骑着白马的匈奴将军出列巡视他的战士，李广跃上战马，与十余名骑兵突奔而前，射死了那位将军，然后策马驰回自己所带领的骑兵之中。

李广下马解鞍，命令战士都放开马匹，卧在

地下。这时，正好太阳下山，匈奴兵始终感到奇怪，不敢出击。半夜的时候，匈奴兵以为汉朝有伏兵，想趁着黑夜从旁边攻打他们，匈奴人就撤兵而走了。

于是，天刚明，李广就率领他的骑兵回到汉朝大军之中。

毕再遇悬羊撤军

宋朝开禧年间，金兵屡犯中原。宋将毕再遇与金军对峙，打了几次胜仗。金军又调集了数万精锐骑兵，要与宋军决战。这时，宋军只有几千人马，如果与金军决战，那就必败无疑。毕再遇为了保存实力，准备暂时撤退。但是金军已经兵临城下，如果事先知道宋军撤退，那是肯定会追杀的。这势必使宋军遭受惨重的损失。毕再遇苦苦思索骗敌脱身之计。这时，只听得帐外马蹄声响，使毕再遇受到启发，立即计上心头。

◎神火飞鸦◎

其内部装满火药，由四支火药筒作推进火箭，可飞百余丈，落入敌营，鸦身火药燃烧，攻击敌方。

毕再遇暗中作了撤退的部署，当晚半夜时分，下令士兵擂响战鼓。金军听到鼓响，以为宋军趁夜劫营，急忙集合队伍，准备迎击。可哪里知道只听得宋营战鼓隆隆，却不见有一个宋兵出城。宋军连续不断地击鼓，搅得金兵整夜不得安宁。于是，金军的头领似有所悟：原来宋军是在运用疲兵之计，用战鼓搅闹，使人不得安宁。那好吧，你擂你的战鼓，我却不予理睬，我们再不会上当了！

宋营的鼓声连续响了两天两夜，而金兵则根本不加理会。直到第三天，金兵发现，宋营的鼓声在逐渐减弱，金军首领便断定宋军已经疲惫了，就派兵分几路包抄，小心翼翼地靠近宋营，却见宋营毫无反应。金军首领一声令下，金兵就蜂拥而上，冲进宋营后，这才发现宋军已经全部安全撤离了。

原来，毕再遇使用了“金蝉脱壳”之计。他令士兵将数十只羊的后腿捆好绑在树上，使倒挂在树上的羊的前腿拼命蹬踢，又在羊蹄下放了几十面鼓。羊腿拼命蹬踢，鼓声连续不断。毕再遇巧施计谋迷惑了敌军，利用两天的时间安全转移了。

金蝉脱壳围敌军

1947年2月，蒋介石调集了陇海、胶济、津浦三线上的兵力，共五十二个旅三十一万余人，以二十九个旅放在第一线，对集结于临沂地区的华东野战军发起进攻。

华东野战军原计划在南线歼敌，诱使北犯之敌开进至适当地区，选取其突出的一路一举加以歼灭，因此把主力放在南线。但是北犯的国民党军齐头并进，密集靠拢，不便分割聚歼。而此时北线却出现了有利的战机，即自胶济路南犯的李仙洲军团放手南进，其先头部队已开进到莱芜，而且是孤军突进。

为了将我军南线主力迅速转移北线作战而又不被敌人察觉，华东野战军留下两个纵队伪装成全军的模样在南线阻击，以造成我军主力仍在南线的假象，主力部队在群众掩护下秘密兼程北上，从而以迅雷不及掩耳之势包围了北线李仙洲军团。

第聂伯河会战

1943年8月中旬，前苏军为了解放第聂伯河左岸的乌克兰顿巴斯、基辅，夺取第聂伯河右岸各登陆场，发起了第聂伯河会战。

按照最高统帅部的命令，沃罗涅什方面军在行进间渡过第聂伯河，夺取了基辅东南约一百四十公里的大布克林登陆场。这时，德军组织了强大的力量，发起反击。经过两次大交战，前苏军的进攻受挫。最高统帅部代表朱可夫和方面军司令瓦杜丁，决定把主要突击方向转移到德军防御力量较为薄弱的基辅北侧，命令近卫坦克第三集团军等主力部队，再悄悄地调回到第聂伯河东岸。然后，沿着战线向北隐蔽行军，在基辅以北约四十公里处重新渡河，从柳捷日登陆场发起攻击。

为了掩盖这一行动，前苏军编造了一个暂停进攻、就地转入防御的假命令，并故意让这个命令落入敌人之手。与此同时，还广泛制造全线转入固守，以及准备从大布克林重新发起进攻的假象。在这些假象的掩盖下，主力部队顺利地转移到目的地。

◎明宣宗坐像◎

第二十二计 关门捉贼

原文

小敌困[1]之。剥，不利有攸往[2]。

注释

①困：包围、围困。

②剥，不利有攸往：出自《易经·剥》卦："剥，剥也，柔变刚也。不利有攸往，小人长也。"剥：剥落、剥离。攸：所。意思是小股敌人行动诡诈难测，不宜穷追不舍。

译文

对于弱小之敌要加以围困、歼灭。对待垂死挣扎之敌，如果任其逃逸而又穷追不舍，那是极其不利的。

评点

"关门捉贼"原意为盗贼进屋行窃时，关门将其捉住。与之语义相近的还有"关门打狗"。《兵法圆机·发》："制人于危难，扼人于深绝，诱人于伏内。张机设井，必度其不可脱而后发。盖早发敌逸，犹迟发失时。故善兵者制人于无所逸。"此计用于军事上，是指对弱小的敌人要采取四面包围、聚而歼之的计谋。

古人认为，捉贼之所以必须关上门，不仅是为了防止他逃走，而且更是怕他逃走后反被别人利用。况且，对逃跑之敌不可再追击，这是为了防止中了它的诱兵之计。所谓贼，是指突然来犯、出没无常的敌人。它们的用意是使我方疲惫不堪，以便实现其阴谋。

◎火龙出水 明◎

龙身用五尺竹筒做成，前后安装木制龙头龙尾。龙身前后两侧各扎一支大火药筒以推动龙身飞行。腹内装有火箭。先点燃龙身外火药筒，龙身飞行一定距离之后龙腹内火箭点燃，攻入敌阵。因在船上使用，故称"火龙出水"。它是世界上最早的二级火箭。

经典案例 

赵括中计殒命

战国后期，秦国攻打赵国。秦军在长平(今山西省高平北)受阻。长平守将是赵国名将廉颇。他见秦军势力强大，不能硬拼，便命令部队坚壁固守，不与秦军交战。两军这样相持四个多月，而秦军仍攻不下长平。

秦王采纳了范雎的建议，用离间之计，使得赵王对廉颇产生怀疑。赵王中计后，调回廉颇，派赵括为将到长平与秦军交战。赵括来到长平后，完全改变了廉颇坚守不战的策略，便要与秦军决一死战。秦将白起故意让赵括尝到一点甜头，使赵括的军队取得了几次小胜。赵括果然得意忘形，派人到秦营下战书，此举正中白起的下怀。他兵分几路，形成对赵军的包围圈。第二天，赵括率四十万大军，来与秦军决战。秦军与赵军交战多次，均被赵军打败。赵括更加得意忘形，他哪里知道正中了秦军的计谋。

赵括率大军追击秦军，一直追至秦营。秦军坚守不出，赵括连攻数日也没能取胜，只得退兵。而这时，他突然得到消息：自己的后营已经被秦军攻占，粮道也被秦军截断；秦军已经把赵军全部包围起来。一连四十六天，赵军粮绝，乃至发生士兵杀人相食事件。赵括只得拼命突围。而白起早已严密布置，多次击退企图突围的赵军，最后，连赵括本人也中箭身亡，赵军大乱。只可惜赵国的四十万大军全部被秦军歼灭。

这个赵括，只会纸上谈兵，而在真正的战场上，却中了“关门捉贼”之计而一败涂地。

◎至顺三年铜炮◎
这是中国也是世界现存最早的有明确纪年的火铳，铳口外张似酒盏，故名盏口铳式盏口炮。此铳形体较大，应置于架上发射。

黄巢的“关门捉贼”计

唐朝僖宗在位的前后，政治黑暗，民不聊生。然而，官逼民反，农民起义接续不断，而声势最大的要算号称“冲天大将军”黄巢所领导

◎年画岳飞传◎

的农民义军了。

当黄巢义军攻下东都洛阳时，唐僖宗就做好了逃跑的准备，黄巢过了潼关，僖宗就带着太监田令考，连宰相、大臣都瞒着，悄悄地溜出长安向兴元逃跑，那天大臣们上朝，不见僖宗出来接受朝拜，便着起急来，最后才知道僖宗已经溜了。唐朝廷的大臣们也就逃的逃，藏的藏，各顾各了。

黄巢没费吹灰之力，便于唐僖宗广明元年，在京城人民的欢迎声中从春明门进入了长安城。黄巢入京后，没有住进皇宫，只令人保护内城，自己住到太监田令考的住宅里，并且申明军纪，约束士卒，颇得京城百姓拥护。但是不多日，黄巢就在一些人的逢迎劝说下，终于携眷入宫，做了大齐皇帝，改元金统。拜尚让等人为相。此时，黄巢由于大享宫廷快乐，完全忘记了唐僖宗的存在了。

再说唐僖宗从容逃到了成都，便召集旧臣商量对策，并抓紧训练士卒，补充武器，调集军队，积极准备反攻。第二年五月，唐军完成了一切部署。这时黄巢派尚让进袭凤翔，唐将郑畋伏兵要隘，自带诱兵，出阵高冈。尚让以为郑畋不懂军事，就挥众冲杀过来，结果中了埋伏，只好退兵，但已损失过半，凤翔一战，唐军得胜。唐将急欲夺功，于是尾追尚让而来。

尚让回到长安，向黄巢作了禀报，说唐军已齐集于长安城下，形势已很危急。黄巢与诸将分析了唐军的阵容之后，定下了以退为进“关门捉贼”的策略。五月初六，黄巢突然向东退出长安，露宿于坝上，唐军杀进城来，看到城内早已没有一个义军了，就松弛下来，抢劫财物，强奸妇女，把个长安城闹得乌烟瘴气。

当天半夜，义军迅速回军，直趋长安城，人人争先，奋勇冲杀。而官军士卒，金银财物满袋，包袱深重，哪里顾得上打仗。唐军被杀得尸横满地，率兵者也不知东西南北，无法召集指挥士卒，只得单枪匹马，与义军部众鏖战，最后力不能支，被义军杀死。长安城又回到了黄巢义军手中。

◎阿昌刀◎

黄巢用以退为进、“关门捉贼”的策略，终于赢得了战斗的胜利。

俄军远征围歼敌舰

1769年8月，波罗的海舰队的部分舰只经过长途航行，经过大西洋、地中海，于次年5月到达爱琴海，开始与土耳其海军对峙。当时，无论是从数量上还是补给上，土耳其海军都占据着绝对优势。但是，土耳其方面也并不是没有被击败的可能。一方面，土耳其人认为俄国舰队从海上绕行欧洲一圈来到自己的家门前几乎是不可能的事情，因此一直在防范上处于比较懈怠的状态。另一方面，土耳其海军虽然貌似强大，但其阵容部署极为死板，将领才能不高，士兵素质低下，情报工作和应变能力等都做得非常不到位。

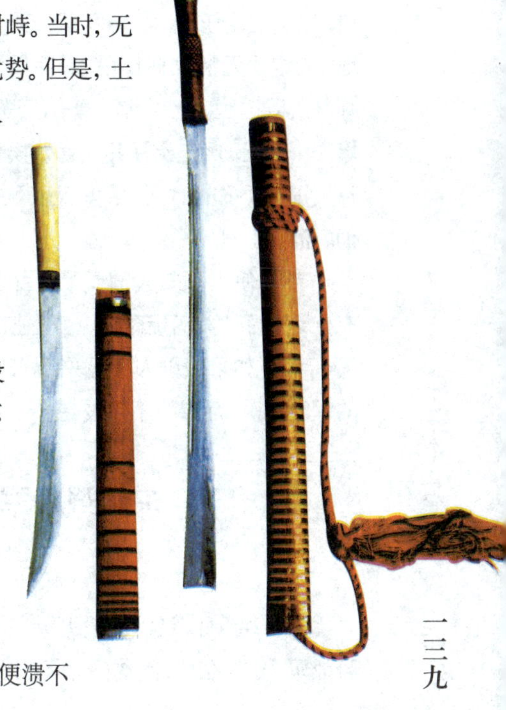

俄国舰队突然出现在爱琴海之后，土耳其舰队并没有乘其长途跋涉之机果断地发起主动进攻，而是犹豫不决，畏首畏尾。而俄国军队却迅速地进入状态，对土耳其舰队发起进攻。土耳其人本来就没有一决胜负的信心和热情，结果没有经过激烈的战斗就主动后撤，以自己的炮兵阵地作为屏障，居于守势。于是俄国舰队获得了从容布置兵力的有利时机。

7月5日，俄军发起攻击。战斗刚刚开始，土耳其舰队便溃不成军，舰只纷纷砍断锚链，逃入切斯马港中躲藏起来。

俄军将领经过分析后认为，土耳其舰队之所以消极抵抗，固然有其缺乏信心和战斗热情的原因，同时，也有想以此拖垮俄军的意图。俄国舰队远离自己的后方，补给上非常困难，难以持久周旋；土耳其人本土作战，据

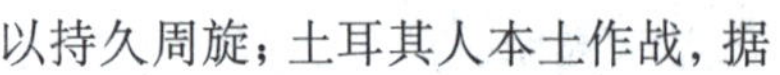

险防守，不主动进行正面交锋，就是等俄军供给消耗完之后不战自败。因此，俄国舰队必须主动进攻，速战速决。

◎漆马鞍◎

于是，当天夜里，俄国舰队首先封锁了切马斯港的出口，然后用舰上的重炮对被困于港内的土耳其军队展开猛烈轰击。土耳其军队消极防守，不主动寻找战机，无疑等于自己束缚了自己的手脚，处于被动挨打的境地，为俄国舰队从容进行攻击创造了机会。7月6日晚，俄国舰队对龟缩于港内的土耳其舰队发起总攻。首先，在强大的炮火掩护下，俄国人将四条纵火艇拖到土耳其军舰旁边，迅速使敌舰燃烧。接着，俄国舰队的全面进攻开始。三艘军舰突入港口，担负主战任务，另派两艘军舰分别攻打岸上南北两面的炮兵阵地，使炮兵无法发挥作用，其余军舰都守在港口的出口处，防止土耳其舰队逃脱。土耳其军舰一艘艘燃起大火，引燃了舰上的弹药，爆炸声惊天动地。土耳其人处处挨打，逃生无路，完全丧失了斗志。只用了一天多的时间，俄军仅以死亡十一人的代价，将土耳其舰队彻底消灭。

俄军使土耳其人遭受了二百年来最惨重的一次失败，就在于充分运用了“关门捉贼”、速战速决的策略，将土耳其舰队一举歼灭。否则，如果俄国人不是果断采取这一战术，对于一支劳师远征的军队来说，后果将不堪设想。

东北野战军关门歼敌

1948年9月，辽沈战役开始，国民党军共五十五万人被我东北野战军，分割在长春、沈阳和锦州三个点上。蒋介石见势不妙，便立

即做出“撤出东北，巩固华北，确保中华”的战略计划。

为了将国民党军消灭在东北战场上，东北野战军一部南下北宁线，首战锦州，果断拦腰切断了东北之敌与华北之敌的联系。经过三十一小时的激战，攻克了锦州，歼敌十万余人，对东北之敌形成大的包围圈，迫使长春之敌一部起义，其余全部投降。不久，解放了全东北。这就是我军巧用“关门捉贼”之计谋夺取的伟大胜利。

使计围歼伊军

1991年2月24日，以美国为首的多国部队海军从科威特的东面，美军海军陆战队的第一、二两个师从科威特的南面，向入侵科威特的伊拉克军队发起三路进攻。同时，多国部队将主力移至西线，从伊、沙、科三国交界处袭入伊拉克的南部。从西部袭入的美国陆军第七军团和英、法装甲师等部队则由南向北，迅速向底格里斯和幼发拉底河谷推进。而美军第一〇一空降师降落到敌后，很快推进到离巴格达不到二百四十公里的位置并继续向前突进。26日，多国迂回部队完全切断了伊军的退路。伊拉克军队的共和国卫队“依赖真主”师、麦地那师、汉穆拉维师分别于26、27、28日三天之内被歼灭。

◎函谷关◎

函谷关是我国历史上建置最早的雄关要塞之一，因关在谷中，深险如函，故称函谷关。始建于春秋战国之际，是东去洛阳，西达长安的咽喉，素有“天开函谷壮关中，万谷惊尘向北空”、“双峰高耸大河旁，自古函谷一战场”之说，自古为兵家必争之地。

第二十三计 远交近攻

原文

形禁势格[①]，利从近取，害以远隔。上火下泽[②]。

注释<<<

①形禁势格：出自《史记·孙子吴起列传》："救斗者不搏戟，批亢捣虚，形格势禁，则自己为解耳。"格：阻止、阻碍。禁：禁止、避免。意思是指进攻者的目标受到自然条件的限制。

②上火下泽：出自《易经·睽》卦："上火下泽，睽。君子以同而异。"意思是长远目标虽然不同，但也可以有暂时联合起来的需要。

译文

当军事发展势头受到不利的地形影响之时，利于攻取邻近的敌人，以先去攻打远处的敌人为最大的弊端。烈火向上燃烧，洪水向下奔流；同是为敌之国，策略有所不同。

评点

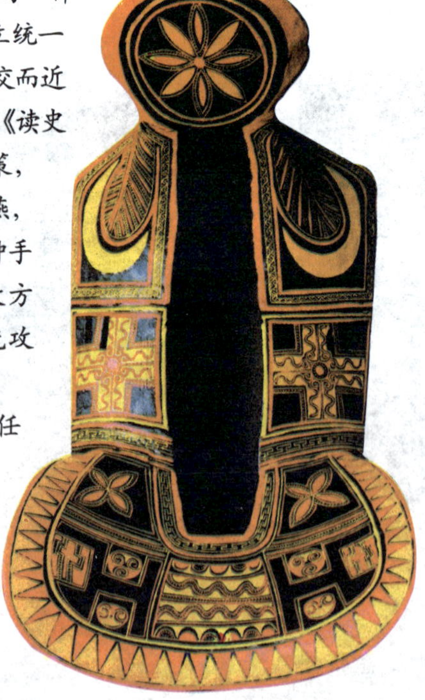

◎漆马鞍◎

"远交近攻"本来是战国时秦国采用的一种外交政策，秦国用它实现了并吞六国、建立统一王朝的目的。《战国策·秦策》："王不如远交而近攻，得寸，则王之寸；得尺，亦王之尺也。"《读史方舆纪要》卷一："秦用范雎远交近攻之策，先灭韩，次灭赵，次灭魏，次灭楚，次灭燕，并代，乃灭齐。"后来也指待人处世的一种手段。此计用于军事上是指用以分化瓦解敌方联盟，各个击破，结交远离自己的国家而先攻打邻国的计谋。

古人认为，在纷乱攻战的局势中，任何一方，都会不择手段谋取自身利益。因而，对远方之敌不可攻取，而可以给些好处，与其结成互利的外交关系。然而，对邻近的敌对之国，万不可随意结交，不然，反倒会遭受致命的危害。

经典案例

郑庄公称霸

春秋期间，周天子的地位，实际上已被架空。这时，群雄并起，逐鹿中原。郑庄公在这种混乱局势下，巧妙地运用“远交近攻”计谋，取得了霸主地位。

当时，郑国的近邻宋国、卫国与郑国结怨很深，矛盾非常尖锐，郑国随时都有被夹击而亡的危险。

郑国在外交方面，采取积极主动的态度，先后与邾、鲁等国结成盟国，不久，又与实力强大的齐国订立盟约。

公元前719年，宋、卫两国联合陈、蔡两国共同攻打郑国，鲁国也派兵前来助战，将郑国的东门围困了五天五夜。虽未被攻下，但郑国已经感到它与鲁国的关系还存在问题，便千方百计要与鲁国重修旧

好，以共同来对付宋、卫两国。

公元前717年，郑国以替郝国雪耻为名，发兵攻打宋国。同时，向鲁国积极发动外交攻势，主动派使臣到鲁国去，商议把郑国在鲁国境内的防交归鲁国。这一举动果然奏效，鲁、郑两国重归于好。齐国则出面调停郑国和宋国的关系，郑庄公当即表示尊重齐国的意见，暂时与宋国修好。齐国因此也加深了对郑国的友好之情。

公元前714年，郑庄公以不朝拜周天子为由，便代替周天子下令攻打宋国。郑、齐、鲁三国派重兵很快地攻占了宋国的大片国土。宋、卫两国的军队避开联军的锋芒，乘虚攻入郑国。郑庄公把攻占的宋国土地全部送给了齐国和鲁国，迅速回兵，大败宋、卫大军。郑国乘胜追击，击败了宋国，卫国被迫求和。郑庄公的实力得以加强，最终取得霸主地位。

范雎献策强秦

战国时期，群雄割据，争城夺地，干戈不息。秦国的秦昭王即位后，由于精明强干，对外继续进行兼并战争，不断取得胜利。可是，魏冉当丞相以后，却大大束缚了秦昭王的才能施展。魏冉是宣太后(秦惠王的姬妾，昭王的生母)的同母兄弟，昭王的舅父。他倚仗宣太后的权势，在秦国横行霸道，人皆畏惧。他还专门搜刮民财，甚至利用国家的军队扩大自己的封地。

后来，魏国人范雎到秦国游说。一天，范雎在大街上闲逛，听说魏冉为了扩大自己的封地陶邑(今山东省定陶县)，正准备率领军队进攻齐国，就利用这个机会，马上给秦昭王上书，请求面见秦昭王，说有要事相谈。昭王吩咐驾车接范雎进宫。

范雎进入宫门，就大摇大摆地往前走，秦昭王主动前来向他打招呼，他只装作没看见一样。侍卫大声地斥责道：“大王来了，赶

快拜见大王!”范雎故意提高声音说:“我只知秦国有太后,有丞相,不知道还有大王!”这一句话,可算触动了秦昭王的心事。

秦昭王将左右侍从斥退,只剩下他和范雎两人。于是,满脸赔笑地对范雎说:“寡人孤陋少闻,不知先生有何指教?”

范雎朝秦昭王拱了拱手说:“臣下不是秦国人,平常同大王并无深交。如今臣下要说的,都是大王骨肉之间的事。臣下虽然甘心为大王效劳,但不知大王之意如何?”秦昭王见范雎有顾虑,便说:“不管是大事小事,上自太后,下至大臣,请先生尽管直说,不必顾忌。”

于是,范雎拜了拜,说:“如今诸侯纷争,天下大乱,只剩下七个国家了。七国之中,最强大的就是秦国。秦国沃野千里,甲士百万,雄踞四塞之固,进则能攻,退则能守,此乃兼并诸侯,统一天下的有利条件。然而秦国至今不得东进一步,完全是大王未有一定的对外政策造成的。据说,最近大王又上了丞相的当,要发兵攻打齐国,有此事吗?”

秦昭王疑惑地问:“攻打齐国有什么错啊?”范雎说:“要越过韩、魏两国攻打齐国,这一战略方针,是十分错误的。兵马出得少了,打不败齐国;兵马出得多了,秦国的耗费可就大了。同时,即便是把齐国打败了,大王又怎能把得到的土地同秦国连接起来呢?当初,齐湣王越过韩、魏攻打楚国,曾经战领了一千多里土地。结果又怎么样呢?齐国最后连一寸土地也没有得到,却被韩、魏两国瓜分。这不是因为齐国离楚国远,韩、魏两国离楚国近的缘故吗?依我说,大王不如改弦更张,‘远交近攻’!”

秦昭王疑惑地问:“怎么远交近攻呢?”

范雎稍事停顿,继续说:“‘远交’是对离得远的国家,先同人家交好,订立盟约,互不干涉。这样,大王就减少了敌对的国家;‘近攻’就是对离得近的国家,要抓紧进攻。如此,得一寸就算大王真有了一寸,得一尺就算大王真有了一尺。打下了韩、魏以后再打燕、赵;打下了燕、赵以后,再打齐、楚。大王只要实行这一条计策,用不了多少年,保证能兼并六国,统一天下。”

范雎如此一席话,使秦昭王大为开怀,十分高兴地对范雎说:“寡人以后就听先生的了。”当时,秦昭王就拜范雎为客卿(指在本国担任高级职务的外国人)，并且按照“远交近攻”的原则，马上把魏冉攻打齐国的人马撤回来，改派别人带领着去攻打魏国。

从此，秦昭王和范雎的关系越来越密切。过了几年，秦昭王撤销了魏冉的职务，任命范雎做秦国的丞相。秦昭王还将应城(在今河南省鲁山县东)封给范雎，号为应侯。由于秦昭王推行了“远交近攻”的政策，夺取了邻国的大片土地，秦国的力量更加强大起来了，为后来消灭六国、统一中原奠定了坚实的基础。

成吉思汗远交近攻灭金宋

成吉思汗(铁木真)统一蒙古后，他的东南相邻的是金；他的西南相邻的是夏；远隔金是南宋。对蒙古汗国威胁最大的就是金国了。成吉思汗采取了远交近攻的战略。他一方面以武力迫胁西夏与蒙古议和，暂时消除了西夏对他的威胁。同时，派人去南宋交好，愿与南宋联合攻金。南宋虽然迫于金的直接威胁没有联蒙打金，但对蒙侵吞金，采取了中立的态度。另一方面，成吉思汗率军大举攻金，金军连连败退，只好迁都开封。

◎成吉思汗画像◎

成吉思汗基本解除了金的威胁后，回手进攻西夏。1227年6月，夏主投降，夏亡。7月，成吉思汗病死。

1229年，成吉思汗的第三子窝阔台继大汗位(元太宗)，亦采取远交近攻的战略。窝阔台正式派使者去南宋，联合了南宋南北夹击金国。1233年，攻克开封。金哀宗逃到蔡州(河南)。这一年，窝阔台为了表示对宋朝的友好，还修饰了孔庙。1234年正月，金哀宗自缢而死，随即城被攻破，金灭亡。

接着第二年6月，蒙古兵大举进攻南京。1271年，成吉思汗的孙子忽必烈迁都(北京)后，改国号元，他就是元世祖。1279年，元军攻占圭山(广东省新会南)，宋大臣陆秀夫背着小皇帝跳海自杀，南宋灭亡。元统一了中国。

蒋介石用计夺兵权

北伐战争结束后，中国出现了新的实力派，东北的张学良，中原的冯玉祥，广西的李宗仁，山西的阎锡山等。这些人手中都有军队，当时，蒋介石虽然是政府主席，但谁也不买他的账。

老谋深算的蒋介石，早已感到这方面的巨大压力，要想方设法把他们消灭。于是，他运用“远交近攻”的计谋，向这股新势力开刀了。当时，李宗仁是武汉政分会主席，离他最近，便先拿他开刀。

蒋介石派了四个国民党元老，把当时身为广州分会主席之职的李济深，骗到南京软禁起来，然后，迅速收买了李济深的军队。他对远在东北的张学良用尽心机，以使张学良易帜。又委托阎锡山监视在北京的属于桂系的白崇禧。又劝告冯玉祥袖手旁观，不要参战。远交的准备工作顺利结束了。于是，蒋介石的大军逼近武汉，打败了桂系的李宗仁。

以后，又用类似的手法和计谋，分别治服其他派系。

前苏联用计败芬兰

1939年至1940年，前苏联派兵入侵芬兰，爆发了苏芬战争。为了使这场战争顺利进行，前苏联在战前运用“远交近攻”计谋，从外交和军事上孤立芬兰。

当时，前苏联与邻近芬兰的军事大国德国，签订了互不侵犯条约，使德国默认了前苏联对芬兰的入侵。同时，前苏联还与波罗的海沿岸国家，议订了一系列条约，获得了在这些国家建立空军基地的权利。由于前苏联的外交和军事压力，中立国瑞典也拒绝向芬兰提供援助。到1939年10月，芬兰已经处于孤立无援的境地。这次苏芬战争，便以芬兰被迫接受前苏联的无理要求而告终。

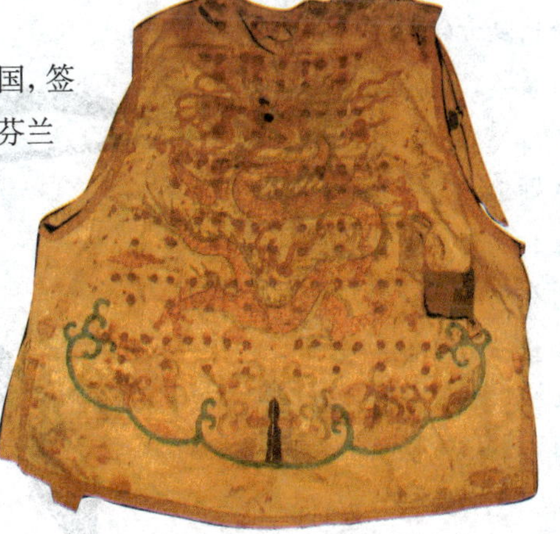

◎清代铁甲◎

布包铁，在甲衣面和衬里之间密布层叠的铁叶，铁叶用铜铁钉钉住。

第二十四计 假道伐虢

原文

两大之间，敌胁以从，我假[①]以势。困，有言不信[②]。

注释 <<<

①假：借、凭。

②困，有言不信：出自《易经·困》卦："困，刚掩也。险异说，困而不失其所享，其唯君子乎！贞，大人吉，以刚中也。有言不信，尚口乃穷也。"这里的意思是指身处困境者，不会轻易地相信他人的话语。

译文

处在两大敌对强国中间的国家，当敌方以武力胁迫它屈从时，我方必须凭借强势，立即派兵前去援救。对于处在这样困境中的国家，只做空口允诺，却无实际行动，那是不会取信于对方的。

评点

"假道伐虢"又做"假途伐虢"，其意为借路。《左传》僖公二年："晋荀息请以屈产之乘，与垂棘之璧，假道于虞以伐虢。"《注》："自晋适虢，途出于虞，故借道。"这属于军事征讨的另一类型：远攻近交。

古人认为，借道用兵的举动，不是靠花言巧语就能骗成的。这个国家必须处于这样的形势下，即不是受到一方的威胁，就是受到双方的夹击。在这种情况下，如果敌人以武力相威胁，那么，我方则应以不侵犯其利益为诱饵，利用它的侥幸图存的心理，立即把力量扩展进去，以控制全局。这样一来，它势必失去自主权，所以，未经战争就能将其全部控制。

经典案例

晋国假道伐虢

春秋时期，晋国想吞并邻近的两个小国虞国和虢国。而这两个小国的关系很好：晋国如果攻打虞国，虢国会出兵援救；晋国如果攻打虢国，虞国也会出兵救助。为此，大臣荀息向晋献公进献一计。他说：若想攻占这两个国家，必须离间它们，使它们互不支持。虞国的国君贪得无厌，我们正好可以投其所好。他建议晋献公拿出两件心爱宝物：屈地(今山西省吉县北)产的良马和垂棘产的璧，送给虞公。而晋献公哪里舍得?荀息说：大王请放心，只不过让他暂时保管罢了，待灭了虢国再灭虞国之后，一切不又回到您的手中了吗?于是献公依计而行。虞公得到了良马和美璧后，高兴得嘴都合不拢。

晋国故意向虢国制造事端，找到了伐虢的借口。晋国向虞国提出了借道要求，以让其通过而前去伐虢。虞公得了晋国的好处，只得应允。虞国大臣宫之奇再三劝说虞公，这事万万办不得。虞、虢两国，唇齿相依，虢国灭亡，则唇亡齿寒，晋国一定不会放过我们虞国的。而虞公却说：为交一个弱小的朋友，却得罪了一个强大的朋友，那才是一个傻瓜哩。

晋国大军经过虞国，前去攻打虢国，很快取得了胜利。晋军班师回国时，还把劫掠的财物分了一些给虞公，虞公更是大喜过望。而晋军大将里克，这时却装病了，谎称不能带兵回国了，便将军队暂时驻扎在虞国京城附近。而虞公对此举却毫不怀疑。几天之后，晋献公亲率大军而来，虞公出城相迎。献公约虞

公前去打猎。不一会儿，只见京城中起火。当虞公赶到城外时，京城却已被晋军占领了。就这样，晋国又轻而易举地灭了虞国。

诸葛亮气杀周公瑾

三国时，荆州刺史刘琦病故，刘备被众人推举为牧守，占据了荆州诸郡。为了离间孙、刘两家的关系，曹操表奏汉献帝封周瑜为总领南郡的太守。这个总领南郡太守不过是个虚职，因为荆州仍被刘备占着。周瑜果然中了曹操的奸计，命鲁肃去见刘备索回荆州。

刘备听说鲁肃前来索要荆州，很是慌张。诸葛亮对刘备说：“主公不必忧虑，我自

有良策，到时候鲁肃一提荆州之事，您就大哭，然后我与他周旋。”鲁肃到来后果然开口便索要荆州，刘备听罢放声大哭。这一哭。反而把鲁肃弄糊涂了。诸葛亮在旁开了腔：“当初我主向吴侯借荆州时，答应取得西川便还。但仔细一想，益州刘璋是我主之弟，乃同胞骨肉，若兴兵取他的城池，恐被外人唾骂；如果不取，归还荆州，又何处安身?假如不还荆州，于吴侯的面上又不好看。我主进退两难，所以大哭。”鲁肃本是个宽仁的长者，见刘备痛苦的样子，便答应了诸葛亮提出的延期归还荆州的请求。

周瑜听完鲁肃的汇报，大发雷霆。周瑜一计不成，又生一计，他要鲁肃再去荆州。

鲁肃依照周瑜的吩咐对刘备说：“吴侯十分同情您的处境，与众将商量后决定起兵替您取西川。”

“取了西川，再换回荆州，这样西川只当是东吴给您的一份礼物。军马路过时，希望提供些粮草，别无他求。”刘备有些犹豫不决。诸葛亮在一旁连忙点头说：“难得吴侯的一片好心，雄师来到后一定远接犒劳。”鲁肃听后，暗自高兴。等鲁肃走后，刘备向诸葛亮询问东吴的真正用意。诸葛亮答道：“此乃周瑜小儿的‘假道伐虢’之计。名为收西川，实则取荆州。不过，周瑜骗得了别人，骗不了我。周瑜此次前来，我叫他死无葬身之地!”

周瑜起兵五万人。浩浩荡荡开向荆州。到了荆州城下，周瑜本以为刘备会打开城门，箪食壶浆迎接他，然后他乘机掩杀过去。不曾想一声梆响过后，城上士兵一齐竖起刀枪，严阵以待。吴军背后也杀声四

起，齐喊要活捉周瑜。周瑜知道上了诸葛亮的当，怒气填胸，箭疮复发，坠于马下，触地而亡。长期以来，孙刘两家为争荆州闹得不可开交，周瑜一心要占荆州，可谓路人皆知。在这种情况下，周瑜声称借道荆州取西川，又怎能不引起诸葛亮的怀疑?

朱元璋放舟稳军心

元朝末年，农民起义风起云涌，元朝统治摇摇欲坠。公元1355年6月，朱元璋率红巾军三万人由和州(今安徽合县)乘战船千艘渡过长江，攻占了元军盘踞的牛渚矶(今马鞍山市长江东岸)，夺取了大量的粮食。

红巾军中有很多将士是和州人，时值和州大灾，粮食奇缺，和州的壮士都想把粮食

运回和州，不愿继续进军。

朱元璋与大将徐达、常遇春商议道：“退返和州，前功尽弃，而且再要攻取牛渚矶也并非一件容易的事，如今之计只有断绝将士的归心，否则，大事难成。”

徐达和常遇春都点头赞同。于是，朱元璋立刻传令亲信将士赶到江边，将停泊在江边的千余艘战船的缆绳砍断，放任战船顺江而下。转眼间，浩浩荡荡的船队就顺水而去，消失在浩渺的烟波雾霭之中。

全军将士都目瞪口呆，不知到底发生了什么事。

朱元璋对将士们说：“我们要想建立功业，就不能为一时的安乐所困扰。太平城(今安徽当涂县境内)离此不远，我们必须攻下太平把它作为立足之地，然后攻取金陵，成就大业。”

将士们面面相觑，但战船尽失，退路已无，只好死心跟着朱元璋去进攻太平城。太平城守将鄂勒哲布哈从未遇到过如此不要命的队伍，交战不久即弃城逃走，红巾军夺取了太平城，有了安身之地。

此后，朱元璋迅速进军，不断扩大自己的势力，终于在公元1368年推翻了元朝统治，一统天下，建立了明朝。

◎马鞭◎

前苏军假戏真唱

1968年5月，即前苏军正式入侵捷克斯洛伐克的前三个月，前苏联、东德、波兰、捷克和匈牙利等五国联合在捷克境内，举行了“波希米亚森林”军事演习。前苏军运用“假道伐虢”之计谋，借军事演习的机会，来熟悉作战地域，向捷克境内集结兵力和军用物资。

8月20日23时，一架前苏军飞机飞临捷克首都国际机场上空，要求紧急迫降。前苏机迫降后，前苏军的七十名伞兵组成的先遣分队，荷枪实弹，突然从飞机上跳下，迅速占领了机场。接着，前苏军的后续部队陆续着陆。三个月前参加演习的前苏军部队，变成了入侵捷克的先头部队，演习的主要活动区域，也随之变成了前苏军的入侵地带。

第五套 并战计

第二十五计 偷梁换柱

原文

频更其阵，抽其劲旅，待其自败，而后乘之。曳其轮也①。

注释

①曳其轮也：出自《易经·既济》卦。曳：拖住。意思是拖住车轮，使车子不能前行。同理，抽掉房梁，房子必然要坍塌。

译文

频繁设法改变敌方的阵势，借机把它的主力调开，待其自取颓败之时，就乘机前去攻打它。这就同只要控制车轮之后，就能够掌握车体的运行方向的道理相仿。

评点

"偷梁换柱"原意是用以比喻玩弄手法，暗中改换事物的内容，以达到欺骗的目的。又作"偷梁易柱"。宋罗泌《路史发挥》卷三《桀纣事多实论》："(桀纣)倒曳九牛，换梁易柱。"这是说桀纣力大无比。《红楼梦》第九十七回："偏偏凤姐想出一条偷梁换柱之计，自己也不好过潇湘馆来，竟未能尽姊妹之情。"此计用在军事上是指：在战争中对友军或敌军设法调开它的主力，将其全部控制或消灭的计谋。

古人认为，阵势有东西南北方位，天衡阵首尾相继，作为阵势的大梁；而地轴阵势则位居中央，作为阵势的支柱。梁、柱之间的兵力部署，必须由主力承担。因此，观察敌方的阵势，就能发现它的主力之所在。如果与友军联合作战，就应当随时改变它的阵势，暗中更换它的主力，或派出我方部队以代替它作为梁、柱，这样，该部队就无法守住阵地，我方便可立即将其吞并，并马上把这部分兵力投入另一次战斗中。这就是吞并一股敌人，再去攻击其他敌人的主要谋略。

经典案例

假传捷报吕后斩韩信

楚汉相争，以刘邦大胜建立汉朝为结局。这时，各异姓王拥兵自重，是对刘氏天下潜在的威胁。翦灭异姓诸王，是刘邦日夜考虑的大事。异姓诸王中，韩信势力最大。刘邦借口韩信袒护一叛将为由，把他由楚王贬为淮阴侯，调到京城居住，实际上有点“软禁”的味道。韩信功高盖世，忠于刘邦。当年楚汉相争，战斗激烈之时，谋士蒯通曾建议韩信与刘邦分手，使天下三分。韩信拒绝了蒯通的建议，辅佐刘邦夺得天下。而今却落得这样的下场，心中怨恨至极。公元前200年，刘邦派陈豨为代相，统率边兵，对付匈奴。韩信私下里会见陈豨，以自己的遭遇为例，警告陈豨：你虽然拥有重兵，但并不安全，刘邦不会一直信任你，不如乘此机会，带兵反汉，我在京城里接应你。两个人秘密地商量好，决定伺机起事。

公元前197年，陈豨在代郡反汉，自立为代王。刘邦领兵亲自声讨陈豨。韩信与陈豨约定，起事后他在京城诈称奉刘邦密诏，袭击吕后及太子，两面夹击刘邦。可是，韩信的计谋被吕后得知。吕后与丞相陈平设下一计，对付韩信。

吕后派人在京城散布陈豨已死、皇上得胜，即将凯旋的消息。韩信听到后，又没有见到陈豨派人来联系，心中甚为恐慌。一日，丞相陈平亲自到韩信家中，谎称陈豨已死，叛乱已定，皇上已班师回朝，文武百官都要入朝庆贺，请韩信立即进宫，韩信本来心虚，只得与陈平同车进宫。结果被吕后逮捕，囚禁在长乐宫之钟室。半夜时分，韩信被杀。后世称“未央宫斩韩信”。盖世英雄韩信至死也不知道，陈豨已死的消息，完全是谎言。陈豨叛乱，是在韩信死了两年之后才平定的。

吕后斩韩信一事，历来众说纷纭。历史上的是非功过，不是一下子说得清楚的。这里并不想作什么评价，仅用此例，再次说明“偷梁换柱”的计谋，在历史上也往往发挥政治权术作用。

◎韩信画像◎

曹操计解白马之围

公元200年，袁绍率精兵十万人，在官渡(今河南省中牟县)与曹操的军队对峙。但曹操的兵力很弱，当时只有三四万人。

2月，袁绍派遣大将郭图、颜良攻打曹操的东郡，把曹军守将刘延包围在白马(今河南省滑县东南)。与此同时，袁绍亲率大军开赴黎阳(今河南省南浚县)，准备渡黄河。

4月，曹操率军北上，前去援救刘延，以解白马之围。曹操谋臣荀攸根据袁强曹弱的情势，提出先调开敌军主力，再解白马之围的建议，被曹操采纳。

于是，曹军北进延津(今河南省延津北)佯渡黄河。袁绍果然分兵西进。曹操乘机去救白马，大破郭图、颜良军，斩杀颜良，大败颜军，解除了白马之围。

红军四渡赤水

遵义会议以后，毛泽东在中央取得了军事指挥权。在这以后由他指挥的红军四渡赤水，就是“偷梁换柱”之计的运用。

当时，中央红军在遵义休整十几天之后，便立即转移北上。1月下旬，中央红军经桐梓、鳍水，在川、黔土城一带一渡赤水河，进入川南，准备与红四方面军会合。

蒋介石紧急调集黔、滇军和国民党中央军，堵截红军渡江，并令川军刘湘以重兵沿江布防。毛泽东根据情况的变化，决定放弃北渡长江的行动计划，出其不意，由川南折向云南扎西。蒋介石又令部队紧追红军，从而迫使敌军改变了战略部署。

敌军主力被引到川、黔边境地区，而此时黔北空虚。毛泽东便甩开敌人，挥戈东进，于2月下旬，从二郎滩一带再渡赤水河。之后，毛泽东分出一部分兵力，把敌军引向温水方向，而以主力部队重新占领了桐梓、娄山关和遵义，一举歼灭敌军二十个集团军，取得长征以来第一次重大胜利。

随后，毛泽东率红军在茅台又两次渡过赤水河，将国民党主力引开，为红军巧渡乌江，强渡大渡河，飞夺泸定桥，胜利到达陕北，实现红军的战略的胜利大转移，发挥了重大保障作用。

诺曼底登陆

1944年春，美英盟军从法国西部登陆，开辟欧洲战场。为了迷惑和麻痹德军，他们采取了一系列挖空心思的谋划和设计。

首先，他们要告诉德国人，指挥登陆作战的司令官蒙哥马利元帅离开了英国本土，到达了非洲，给德军以盟军打算从法国南部进攻的假象。他们招来一个名叫詹姆士的中尉，让他扮演蒙哥马利。詹姆士和蒙哥马利长得非常相似，并且当过二十多年的演员，表演极为逼真，英国情报部门对他进行了严格的训练，让他尽快熟悉蒙哥马利的生活习惯和言谈举止，对蒙哥马利生活中的每一个细节都了如指掌。他借助和蒙哥马利将军生活在一起的机会，进行模仿和体会，终于使他对蒙哥马利的模仿达到真假难辨的程度。

一切准备停当之后，詹姆士乘飞机到了直布罗陀，在下了飞机后的几场检阅中，他的穿着打扮、一举一动、每一个微笑和手势、演讲的风格和口气，都活脱脱一个蒙哥马利。就连蒙哥马利的老朋友、直布罗陀总督沙拉尔将军也没有看出任何破绽。

德国人得到蒙哥马利元帅到直布罗陀和阿尔及尔一带组织军队的消息，开始时也半信半疑，连忙派了两名资深间谍去侦察。由于詹姆士在直布罗陀的逼真表演，使德国人确信蒙哥马利改变了登陆地点，真正的攻击目标是法国的加莱海岸一带。

为了进一步迷惑德军，英军派人四处搜寻加莱附近的详细地图，当然这一切都被德国人看在了眼里。同时，他们还召集了一批电影厂的布景师，在英国东南部伪造了一个一百多万集团军的集结点。布景师们制造了一批假登陆艇，从泰晤士河运到英国东南海岸，用帆布搭起了许多弹药库、医院、兵营等假建筑，并用帆布和橡胶等制造出一批假坦克、假大炮和假飞机。此外，还在多佛尔海岸建造了一个巨大的假油船码头，配备了防波堤、贮油罐、发电厂、高射炮等设施。这些足以以假乱真的布置，让德国人坚信盟军的登陆地点在加莱附近。希特勒根据情报推测，盟军在英

国东南部已经集结了九十二到九十七个师的兵力，准备袭击加莱；根据筹备情况，进攻的时间应当是七月份。因此，他把德国最精锐的部队调到了加莱，而驻防诺曼底地区的却只有一个装甲师。

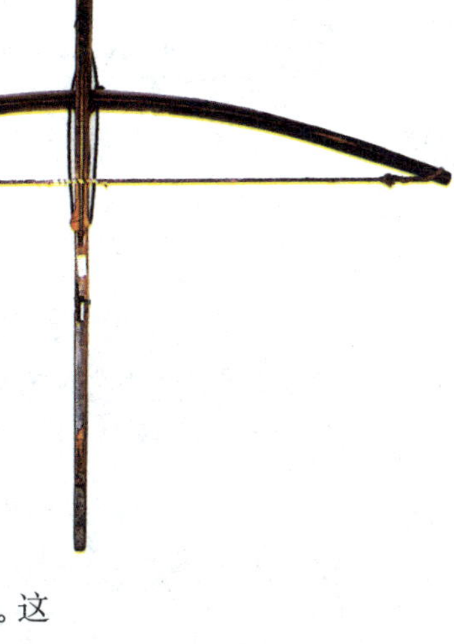

◎弩 箭筒◎

6月5日，进攻诺曼底的盟军已经准备停当，当天午夜，飞机、舰艇竞相出动，横渡海峡，向诺曼底进发。此时，盟军的蒙蔽计策仍在实施。两艘由飞机护航的舰艇从英国东南部出发，穿过英吉利海峡，向加莱驶去。军舰上装有电子装置，可以放大雷达上的脉冲波；飞机上不断抛撒下金属碎片，使德军的雷达觉得正有一支庞大的海空联合部队穿过海峡。这一切都让加莱附近的德国守军严阵以待，不敢有丝毫懈怠。

德国人万万没有想到，盟军的主力部队在诺曼底上了岸。当远在德国的诺曼底指挥官隆美尔接到消息的时候，一切都已经太迟了。6月12日，盟军已建立了一个巩固的登陆场，三十二万多人、五万多辆车辆、十多吨物资顺利登陆。欧洲战场的开辟，加速了纳粹德国的崩溃。

诺曼底登陆，美英盟军的“偷梁换柱”之计实施得非常成功，成功隐藏了自己的主力，调动了敌军的主力。

假电报打败敌军

1967年6月5日，以色列突然对阿拉伯国家发动进攻，爆发了第三次中东战争。战争期间，埃及在死海南部与以色列军展开激战，埃及参战的主力装甲部队，因缺乏弹药和油料，而急发电报向上级申报补给。

其上级后勤部门派出运输车队运送补给，并用电报通知该装甲部队，告知这支运输车队的出发时间和运行路线。结果，这份密码电报被以军情报部门破译。

以军马上以偷梁换柱之计，冒充埃电台，向埃军运输车队发出改变运输路线的“指令”，使车队陷入了埃军自己布下的雷区，结果，弹药、油料、车辆和人员全部毁于一旦。死海南部的埃军装甲部队也因得不到补给而陷于瘫痪，招致重大损失。

第二十六计 指桑骂槐

原文

大凌[1]小者，警以诱之。刚中而应，行险而顺[2]。

注释 <<<

①凌：控制、统治、压迫。

②刚中而应，行险而顺：出自《易经·师》卦："刚中而应，行险而顺，以此毒天下，而民从之，吉又何咎矣！"意思是使用果敢和强势的手段时，只要顺应时势同样可以得到拥护。

译文

强大的凌虐弱小的，要善于用警示的方法去诱导它。适当的强硬手段可以被接受，施用险恶的手段可以使之顺从。

评点

"指桑骂槐"又作"指狗骂鸡"。比喻表面上骂这个人，实际上是在骂那个人。《兵法圆机·励》："励士原不一法，而予谓：名加则刚勇者奋，利诱则忍毅者奋。迫之以势，陷之以危，诡之以术则柔弱者亦奋。"《红楼梦》第六十九回："除了平儿，众丫头媳妇无不言三语四，指桑骂槐，暗相讥刺。"此计用于军事上是指：运用"杀鸡儆猴"、"敲山震虎"等警示性的手段，以达到树立威严和统领部下的计谋。

古人认为，统领一向不听从调遣的部队对敌作战，如果有令不止，而用金钱去拉拢反而引起怀疑。这时，可以故意制造事端，责罚他的过错，借以暗中示警。所谓警告，是从另一方面使之折服，这便是使用强硬而凶险的手段慑服部属的方法。所以，也是调兵遣将的一种法术。

经典案例 

孙武练兵

春秋时期，吴王阖闾看了大军事家孙武的著作《孙子兵法》，非常佩服，立即召见孙武。吴王说："你的兵法，实在精妙绝伦。你能不能当面给我演示一下，让我开开眼界呢？"孙武说："这不难，您可以找来一些人，我马上操练给您看看。"吴王听后，顿生好奇：随便找些人就可操练？吴王存心要难为孙武，就说道："我的后宫里美人多得很，先生能否让她们来操练？"孙武一笑之后说："行啊！任何人都可以操练。"

于是，吴王从后宫叫来一百八十名美女。众美女一到校军场上，只见旌旗招展，战鼓排列，煞是好看。她们嘻嘻哈哈，东瞅西望，漫不经心。孙武下令一百八十名美女编成两队，并命令吴王的两个爱姬当队长。可那两个爱姬哪里当过带兵的官儿，只是觉得好笑好玩。好不容易才把这稀稀拉拉、吵吵闹闹的美女排成两列。

孙武十分耐心细致地给这些美女讲解操练要领。讲解完毕，命人在校军场上摆上刑具。然后，威严地说："练兵可不是儿戏！你们一定要听从命令，不许马马虎虎，嬉笑打闹。有谁违犯军令，定按军法处治！"

而美女们却以为是来做游戏的，绝没想到碰上这么一个正经人。这时，孙武下令擂起战鼓，开始操练。孙武发令：全体向右转！但美女们一个也没动，反而轰然大笑起来。孙武并没生气，说道："将军没有把动作要领交待清楚，这是我的过错。"于是，又详细讲了动作要领，并问听明白没有，众美女齐声回答听明白了！

于是，鼓声再起，孙武又发令：全体向左转！而美女们还是一个没动，笑得比上一次更厉害了。吴王见状，也觉得很有趣，心想：你孙武的本事再大，也无法

◎南阳百里奚墓出土西汉玉剑◎

让这些美女听你的调动。

这时，孙武沉下脸，说：“动作要领没有交待清楚，那是将军的责任；已经交待清楚了，而士兵不服从命令，就是士兵的过错了。按照军法，违犯军令者当斩，队长带队不力，应先受罚！来人，将两个队长推出去斩首！”吴王一听，便慌了手脚，急忙派人对孙武说：“将军确实善于用兵，军令严明，吴王十分佩服。这次，请放过吴王的两个爱姬。”孙武笑道：“将在外，军令有所不受。吴王既然要我演习兵阵，我一定要按军法规定操练。”于是，立即将那两名吴王的爱姬斩首示众，吓得众美女魂飞魄散。孙武命令继续操练。他命令排头的两名美女继任队长。全场鸦雀无声。

◎箭囊◎

鼓声第三次响起，众美女精神集中，处处按规定动作，一丝不苟，顺利地完成了操练任务。

吴王见孙武斩了自己的爱姬，心中不快，但仍然佩服孙武的治军才干。后来，以孙武为将，最终使吴国跻身强国之列。

杀鸡儆猴朱元璋治军

1356年，朱元璋率领红巾军攻下集庆后，准备攻打镇江。在攻打镇江的拂晓，负责指挥这场战役的徐达将军迟迟未露面。突然，一条惊人的消息传到了大军聚集的校场：徐达将军已被抓了起来，马上就要问斩。

众将士吃惊非小。徐达将军自跟朱元璋起兵以来，东征西讨，立下了汗马功劳。究竟他犯了什么罪，以至于要被砍掉脑袋？

过了一会儿，只见徐达将军被反绑着押了过来，后面跟着两名手捧钢刀、杀气腾腾的刽子手。朱元璋也在众卫士的簇拥下来到校场。

执法官洪亮的声音宣布："徐达身为统兵大将军，不知管束部队将士，军中屡次发生欺压百姓的事情，坏我红巾军的名声。为严明军纪，对徐达应予斩首示众！"众将士一听都吓得脸色惨白，见朱元璋要动真格的，一时不知如何是好。帅府都事李善长硬着头皮给朱元璋跪下，说道："徐大将军作战英勇，屡立大功，当下军务紧急，正是用将之时，望元帅宽恕他！"众将士也都一齐跪下，哀求说："军中发生的欺压百姓之事，不能只怪罪徐大将军，我们亦有责任。求元帅饶恕他！"

朱元璋坐在椅子上，脸色铁青，一言不发。半晌，他终于站了起来，口气坚定地问道："我们起兵是为了什么？"众将士异口同声地回答："替天行道，除暴安民！"

"大家说得对。"朱元璋点点头，"我们起兵反元，就是因为元朝官府欺压百姓。如果我们推翻了元朝，反过来又欺压百姓，那么我们不就和元朝官兵一样了吗？要不了多久，别人也会替天行道，起兵除我们的暴了！"

李善长见朱元璋语气有所缓和，又趁机哀求道："徐大将军跟着元帅多年，战必胜，攻必克，劳苦功高，这一次就原谅他吧！"

朱元璋听后，沉吟了半晌，才指着徐达喝道："看在众将士的份上，这次暂且饶了你，以后军中再发生欺压百姓之事，定斩不饶！"说罢，朱元璋拂袖而去。

松了绑的徐达又恢复了大将军的威风，他当场宣布："打下镇江后，一不许烧房，二不许强抢，三不许欺凌百姓，四不许调戏妇女。违者砍头示众。"于是，徐达将军率领这支纪律严明的大军很快攻占镇江。进城后，大军秋毫无犯，当地百姓拍手称赞，奔走相告。

朱元璋见到这种情形后十分高兴，他把徐达叫来，一把拉住徐达的手说："贤

弟，校场那幕，实在委屈你了！”徐达笑道：“元帅高明，没有校场那幕，怎能有今天这样好的军纪！”原来，红巾军自打下南京以后，军纪松弛、强买强卖、调戏妇女之事屡有发生。朱元璋为此忧心忡忡。他知道光靠抓几个违纪将士起不到应有的作用，于是就导演了假斩徐达这场戏。

李宗仁治军

1922年，粤桂战争以桂军失败而告终。李宗仁将军接受了陈炯明的收编，率队进入横县。

军队进入横县后，沿途有很多军人尸体，也有一些民众尸体杂陈其中。经检查，发现那些尸体都是粤军留下的。后来听说，粤军的纪律极坏，为民众所痛恨。所以，待大军过后，地方民团遂将那些散落的粤军击杀，民众尸体是在与粤军格斗中死去的。

面对此情此景，李将军更加深了对严明军纪的重要性的认识。他立即召开全体军人大会，反复申明：不准扰民、伤民、害民；有敢以身试法者，一定严惩不贷！

在检查中，发现一名士兵抢了一个老太太的布包，内装有衣物。他立即将那名士兵拘到司令部来查问，开始那名士兵不认账，认账之后，又以与李将军是同乡关系而苦苦求饶。李将军想到，这正是杀一儆百的好时机。于是，他又立即召集全体军人大会，将那名违纪士兵带进会场。宣布罪状后，从严惩办，将那名士兵就地枪决。这一举措，确实起到了震慑作用，全军令行禁止，秋毫无犯。所到之处，军民都彼此相安无事。

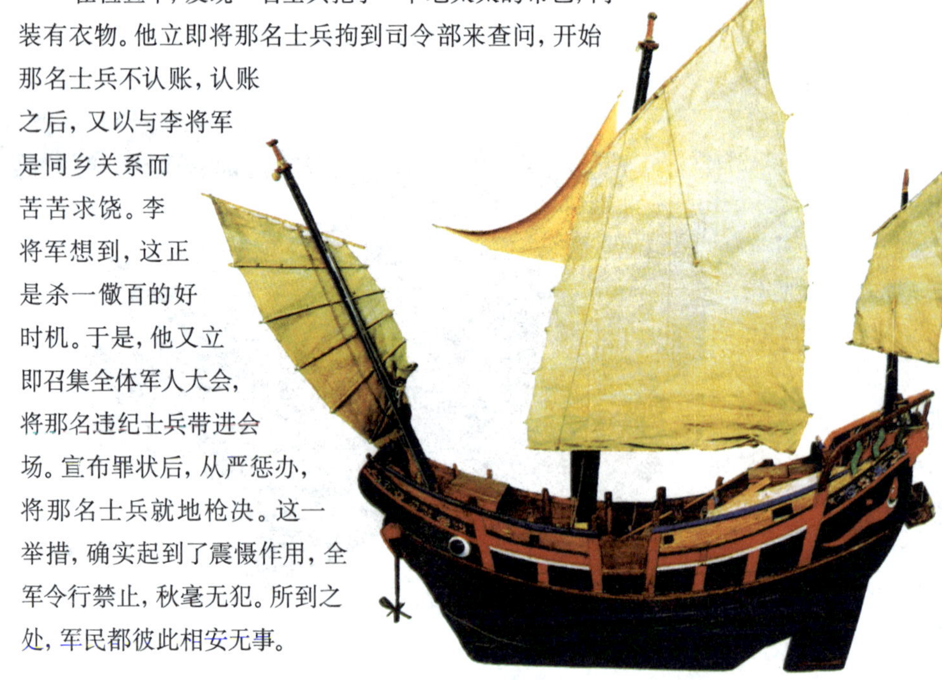

◎福船(模型)◎

第二十七计 假痴不癫

原文

宁伪作不知不为，不伪作假知妄为。静不露机，云雷屯也[①]。

注释 <<<

① 云雷屯也：出自《易经·屯》卦："冬雷藏地中，至春乃激薄而出。"原意是冬天的雷电聚集能量，等到春夏时节才爆发。引申为蓄积力量，等待时机。

译文

宁肯装作痴者而不有所行动，也不自作聪明而轻举妄动。暗中谋划，不露天机，这如同迅猛激烈的雷电，蓄势于冬季，伺机爆发一样。

评点

"假痴不癫"：假痴，即装聋作哑；不癫，即不发疯狂。全词意为表面上似痴如呆而内里却非常清醒。《李卫公问对》："自古诡道存之，则全诡不复增之，废之则使贪使愚之术，从何而使哉?太宗良久曰：卿宜秘之，勿泄于外。……诡道可使由之，不可使知之。……兵者，诡道也。托之以阴阳之数，则使贪使愚，兹不可废也。"此计用在军事上，是指虽然自己具有相当强大的实力，却故意不锋芒外露，表面上显得软弱可欺，用以麻痹和骄纵敌人，然后伺机给敌人以措手不及的打击。

古人认为，自己非常清楚，却伪装成什么也不知道；现在假装不行动，是因为现在还不可能行动，必须等待时机再行动。古代兵书告诉我们，镇定得像个呆子。如果假作癫狂，肯定会泄露天机，让敌方或友方怀疑。所以，装痴的，肯定取胜；装癫的，则必将失败。

经典案例

司马懿计除曹爽

三国时期，魏国明帝去世，继位的曹芳年仅八岁，朝政便托付给太尉司马懿和大将军曹爽二人共同执掌。而曹爽是宗亲贵胄，飞扬跋扈，怎能让异姓司马氏分享权力?他用明升暗降的手段剥夺了司马懿的兵权。

司马懿战功显赫，如今却大权旁落，心中十分怨恨。但他深知曹爽的势力强大，一时恐怕斗不过他。于是，便称病不再上朝。曹爽当然非常高兴，但他心里明白，司马懿是他潜在的对手。不久，他派亲信李胜去司马懿家探听虚实。

其实，司马懿早已看破曹爽的心思，已经有所准备。李胜被引到司马懿的卧室，只见司马懿面容憔悴，头发散乱，躺在床上，由两名侍女服侍。李胜说："好久没来拜望，不知您病得这么严重。现在我被命为荆州(今湖北省江陵)刺史，特来向您辞行。"司马懿假装听错了，说："并州是边境要地，一定要抓好防务。"李胜忙说："是荆州，不是并州!"而司马懿还是装作听不明白。这时，两个侍女给他喂药，他吞服得很艰难，汤水还从口中流出一些。他装作有气无力地说："我已是命在旦夕，我死后，请你转告大将军，一定要多多关照我的那几个孩子!"

李胜回去向曹爽作了报告，曹爽听后喜不自胜，说："只要这老头子一死，我就没有什么好担心的了。"

没过多久，于公元249年2月15日，天子曹芳要去济阳(今河南省兰考县东

北)城北扫墓祭祖。曹爽带着他的三个兄弟和亲信等护驾出行。

司马懿得知这个消息后，认为时机已到。马上调集家将，召集过去的老部下，迅速占领了曹营，然后进宫威逼太后，历数曹爽的罪状，要求废黜这个奸贼。太后无奈，只得同意。司马懿又派人占据了武库。

待到曹爽闻讯赶回城时，大势已去。司马懿以篡逆的罪名，诛灭曹爽全家，终于独揽大权。曹魏政权已经名存实亡。

朱棣佯癫起兵

明太祖驾崩后，因继承人皇太子朱标早已亡故，由长孙继位，是为惠帝，年号建文。建文帝年纪虽轻，却相当精明，即位不久，便为巩固他的帝位而挖空心思，绞尽脑汁。他知道自己的处境，在十几个王叔的钳制下，前程是相当不乐观的。为使皇权免受于控制，在黄子澄等策划下，大刀阔斧来个削藩运动，把那班老叔父按其危险程度，流放的流放，杀的杀，逐步把这批对皇朝有威胁的势力肃清，只有宁王和燕王因环境特殊，还未敢遽然下手。尤其是燕王，他拥有重兵，而且声望极高。因此使建文帝更是恨而不安，便也想尽快除掉这条祸根。

◎朱棣皇帝坐像◎

燕王朱棣眼见各位王兄王弟一个个倒下，兔死狐悲，预感到此种不幸终必轮到自己，与其等死不如先发制人，起兵发难。然而他的军师道衍却认为军备未足，时机尚未成熟，劝他再等机会。燕王听从军师劝告，暂时隐忍，秘密练兵，积极做行事准备。

有一次，燕王照例派亲信葛诚入京奏事，葛诚见了建文帝，建文帝有意收买他，便召他进入密室，对他说："如果你能把燕王的活动情况及

时报告，将来升你为公卿。”葛诚说：“食君之禄，担君之忧，臣愿效犬马之劳，此次回去，必密报燕王举事，为陛下作内。”

葛诚回到燕京后，怂恿燕王入京（南京）见帝，以释嫌疑，此计无非想驱羊入虎口。燕王与道衍商议，道衍力主不去，燕王却说：“现在既然时机未成熟还不能举兵，不如暂往一行，减少他的怀疑，料他对我也奈何不得。”因此便毅然进京，果然有人怂恿建文帝将他扣留，但建文帝犹犹豫豫，一时又找不到借口，于一个月后，便放燕王返回燕京。

燕王在京被扣了一个月，更感到自己处境不妙，便想出采取表面上不动声色的计策，来消除建文帝对他的戒心，于是，假装卧病不起。

建文帝虽放走燕王，却也时刻防备，并不因他“病重”而松懈。急用了一个调虎离山计，以边境防卫为名把燕王所属的劲旅调了一部分离开北京，派亲信工部侍郎张昺为燕京布政使（行政长官），谢贵为都指挥（城防司令），把文武两权夺了过来，又制造借口把燕王的部属于谅、周铎两人杀了，罪名是阴谋叛变。

燕王眼见这种夺权把戏，无非因自己而发，为保全性命，伺机发难，便诈癫扮傻，常常溜出王府，整天在街边游荡，口出狂言，看到别人有酒食，抢来就吃，十足一个疯子。有一次，出门几天都没有回来，从人到处寻找，见他睡在泥淖里，扶起来他还大骂：“我好好睡在床上，干吗要抬我出去？”建文帝派来的亲信张昺和谢贵知道此事，便入王宫去探病，想看个究竟，只见燕王穿起皮袄，在大暑天里围炉而坐，身子不断发抖，牙关频频打颤，不住地说天气太冷。也就认定燕王是真病，防备稍为放松。但被建文帝封官许愿所收买了的葛诚，却偷偷走出王宫，向张昺、谢贵告诉说：“燕王根本没有病，这是诈癫扮傻，用意难测，切勿给他瞒过。”

张昺和谢贵于是具报朝廷，建文帝便立即采取行动，密令城防副司令张信下手。那张信接到密令，却犹豫不决。他的母亲见此情形，问明底细，也劝他为人处事要依理明义，不要愧对天地人神。于是，张信便把事情拖延下去。

建文帝见还没有消息，又再下密旨催张信，张信发火了，说：“朝廷为何逼人太甚?”乃忿然去见燕王。守门的不准他进去，张信大声说：“你们只管去传报，说我张某有要紧事求见!”燕王召见张信，却仍卧在床上，不说半句话。左右说：“殿下正患风疾。”张信明知其诈，便说：“殿下不必这样，有什么事，可对老臣直说无妨。”燕王打量他的神气，并无恶意，才开口说：“这场病真惨，已挨几个月了。”张信见他仍不肯露真情，心一急，便流起泪来，率直告诉燕王：“殿下，事到如今，还不说出真话，大祸真的已临头了。”顺手拿出建文帝的手谕来，说：“朝廷命我擒拿殿下，如果你有意，就要以诚相告，让大家想个办法，否则便肉在砧上，宰割由人。”

燕王一见，忙起身下床，向张信叩谢，急召军师道衍入室，商量救急之计。密议结果，由张信增兵王宫，说是严密监视，实际上是保护燕王的安全，又定计要除掉张佴和谢贵这两位朝廷命官。

外弛内张的情势，已到了一触即发之地步。张信为了掩人耳

◎驾火战车 明◎

这是一种独轮车装载火箭的战车，前有绵帘，需要时放下可挡铅弹，车两侧设置六筒火箭，此车由两人操纵。

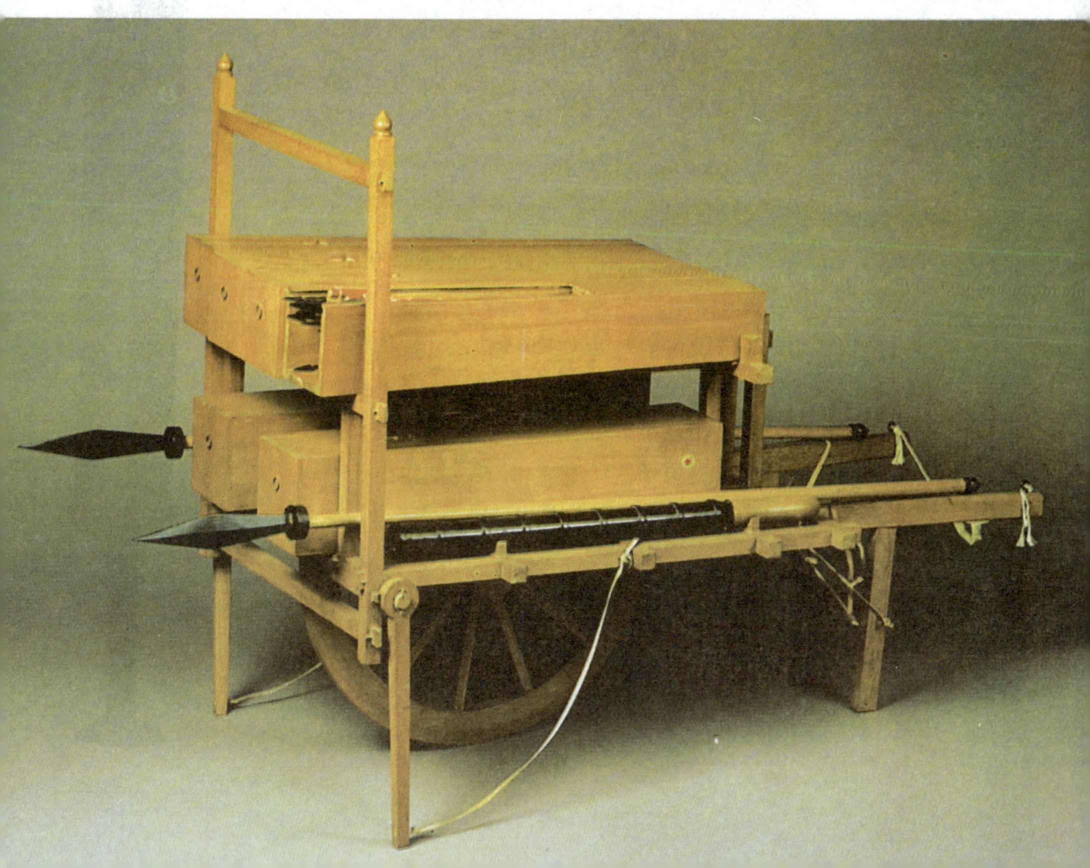

目，暗里保护王府人的安全，即晚下令把燕王的部将全体逮捕，说是有造反嫌疑，要押赴朝廷处决；一面又暗中派出精壮士兵，埋伏在东殿两旁，宫门内外，密布便衣警探。

天明，燕王以张信闯入王府捉人为由召张侔和谢贵，商议如何把这批阴谋造反的将领押解入朝。

张、谢两人虽然不疑，但也有防备，带了很多卫队前往，到了礼端门，燕王扶杖把他们迎进去，卫队却被拒于门外，在接待张、谢二人时，左右献进几个西瓜，燕王忽站起来，气忿忿说："想我朱某，身为皇帝叔父，却要惶恐度日，今皇帝待我这样，兄弟叔侄间的骨肉情义一毁殆尽。国家还有什么希望呢？"说完将手上的西瓜往地上一摔。

这原来是个暗号，两旁埋伏的士兵一见，即拥了出来，不由分说就把张侔、谢贵绑捆，再揪出葛诚来，一同处斩示众，随即宣布："起义兵，清君侧。"直向南京进军。不久便攻破皇城，迫得建文帝削发为僧，化装逃亡海外。燕王夺了帝位，改年号为"永乐"，是为明成祖。

拿破仑大败联军

1805年，拿破仑率军同第三反法联盟交战。11月下旬，沙皇亚历山大在近卫军和增援部队的力量加强后，便主张与拿破仑决一死战。富有战略眼光的俄国军事家库图佐夫则主张继续退却，以拖延战局，免招失败。

拿破仑猜到了俄国司令部里发生的意见分歧，生怕库图佐夫的主张被沙皇采纳，从而失去良好的战机，陷入与己不利的持久战局面。于是，当法军追击至布吕恩地区时，便立即命令部队停止前进，前哨后撤，同时向对方请求休战媾和，并立即派出代表同俄方谈判。拿破仑用"假痴不癫"之计谋，把自己装扮成一个惊慌失措、软弱无能、害怕决战的人。

而沙皇则正中其计，他认为，拿破仑已经陷入困境，现在正是消灭拿破仑所率领的法军的最好时机。于是，亚历山大断然否定库图佐夫的意见，贸然回师与法军决战。结果，钻入拿破仑所设下的圈套，在奥斯特利茨地区被法军打得落花流水。

第二十八计 上屋抽梯

原文 

假之以便，唆[1]之使前，断其援应，陷之死地。遇毒，位不当也[2]。

注释

①唆：唆使、怂恿。

②遇毒，位不当也：出自《易经·噬嗑》卦。毒：祸患、灾难、伤害。意思是之所以遭受灾难，就是因为贪图了不属于自己的东西。

译文 

故意给敌方一些"方便"，以诱使敌方向前开进，然后，截断它的前应和后援，使之陷入死地，将其彻底歼灭。由于敌方贪得无厌，必将遭此祸患。

评点

"上屋抽梯"又作"上楼去梯"或"上房抽梯"。《孙子·九地篇》："帅兴之期，如登高而去其梯。"《书叙指南》："密计曰秘策，又曰升楼去梯之谋。"此计用在军事上是指诱敌深入，使之前来就范。然后以包围、迂回、背后突袭和切断退路等战法，将敌全部歼灭的计谋。

古人认为，所谓唆使，就是以利去引诱敌人。如果只引诱而不给敌人以方便，敌人就会犹豫不前。因此，凡是运用上屋抽梯计谋的，要故意暗示给敌人，使它相信这里确确实实有梯子可用。

经典案例 

韩信背水一战

秦朝灭亡之后，各路诸侯逐鹿中原。到后来，只有项羽和刘邦的势力最为强大。其他诸侯有的被消灭，有的急忙寻找靠山。赵王歇在巨鹿之战中，看到项羽最强大，所以，在楚汉相争期间，便投靠了项羽。

刘邦为了削弱项羽的力量，命令韩信、张耳率两万精兵去攻打赵王歇。赵王歇听到消息后，心中暗笑，想道：自己有项羽做靠山，又有二十万人马，何惧韩信、张耳？

赵王歇亲自率领二十万大军驻守井陉关(今河北省井陉山口)，准备迎敌。韩信、张耳也率部向井陉关进发，在离井陉关三十里处安营扎寨。两军对峙，一场大战即将开始。

韩信分析了双方形势，敌军人数要比自己的多上十倍有余，硬拼强攻，恐怕不是敌方的对手，如果打持久战，又经不起消耗。经反复思考，他定下一条妙计。

他召集众将领在营中部署，对一将领说：你率两千精兵，到山谷树林隐蔽之处埋伏。等主力与赵军开战后，我军佯败逃跑，这时，赵军肯定会倾巢出动，追击我军。你们便借机杀入敌营，插上我军的旗帜。他又令张耳率军一万，在绵延河东岸，摆开背水一战的阵势。韩信自己亲率八千人马正面佯攻。

第二天拂晓，只听得韩信营中战鼓隆隆，韩信亲率大军向井陉关杀来。赵军主帅陈余，早有准备，立即下令出击。两军直杀得昏天黑地。韩信早已部署好了，此时一声令下，部队立即佯装败退，并且故意丢弃大量武器及其他物品。陈余见韩信军败退，大笑道：“区区韩信，怎能是我的对手!”他便下令追击，一定

◎韩信忍“胯下之辱”◎

要全歼韩信军。

韩信带着队伍退到绵延河边，与张耳军会合。他对士兵们说：“前面是滔滔的河水，后面是追击的敌军，我们已经没有退路了，只有背水一战，击溃敌军。”士兵们知道已无退路，便个个奋勇争先，要与赵军拼个你死我活。

韩信、张耳突然率部杀了回来，这大大出乎陈余的意料。他的部下本以为以多胜少，胜利在握，斗志已不旺盛，加上为争夺路上的丢弃物，就更是乱作一团。

锐不可当的汉军奋勇冲进敌阵，只杀得赵军丢盔弃甲，一派狼藉，这正是兵败如山倒。陈余见状，立即下令收兵回营，准备休整之后，再与汉军决战。但当他们退到自己的大营时，只见营中飞来无数箭矢，纷纷射向赵军。陈余在慌乱中，才注意到营中已经插遍汉军的旗帜。而在赵军惊魂未定之时，营中的汉军已经冲杀出来，与韩信、张耳军从两边夹击赵军。张耳一刀将陈余斩于马下，赵王歇也被生擒，二十万人马的赵军全军覆没。

上屋抽梯歼敌军

1947年初，莱芜战役后，国民党吸取以往孤军冒进的教训，采取稳扎稳打、齐头并进的战法向山东解放区发动重点进攻。这样一来，我军就很难诱其一部“上屋”而歼之。

有鉴于此，华东野战军保持最大的耐心，不过早地惊动敌军的后方，主动再退一步，让开正面，诱敌大胆“上屋”。同时，我军主力暂不在预定战场设伏，而是先集结在隐蔽待机位置，以助长敌军的骄狂心理，使其贸然前进。5月11日，我军将敌第二兵团诱向淄博，将敌第一兵团诱向坦埠以南地区。

当出现敌军分兵突进的态势以后，我军割敌两翼，突破中央，迅速围歼敌整编第七十四师于孟良崮地区。

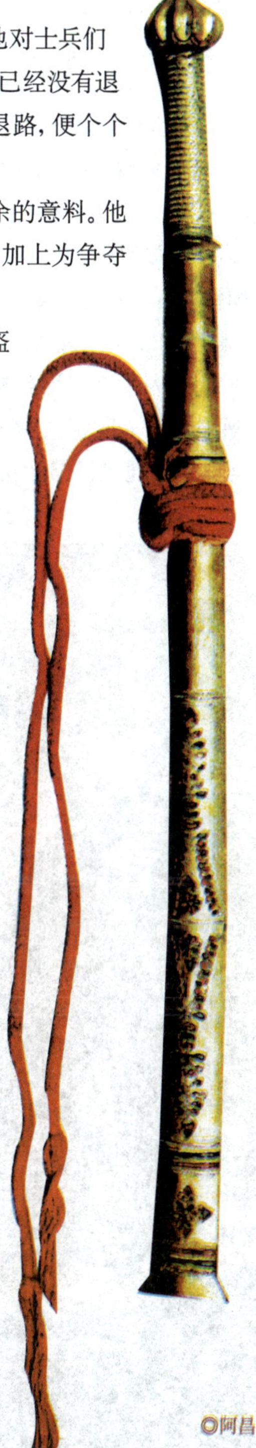

◎阿昌刀◎

美孚石油公司的商业传奇

美孚石油公司是世界知名的大型托拉斯企业，一百多年中经久不衰，为它的所有者创造了数不清的财富。1870年6月，洛克菲勒创建该公司时，它的注册资本只有一百万元，并且处于非常激烈的竞争之中。当时，在公司的附近有接近三十家炼油厂，而洛克菲勒所创立的俄亥俄州标准石油公司(即美孚石油公司)并没有什么特殊的优势。正是在这种形势下，洛克菲勒开始了异于常规的扩张之路，并迅速地将对手兼并，从而在市场上占据了垄断的地位。

洛克菲勒所做的第一步，就是将对手逼上困境。当时，所有石油公司的货物运输都要通过铁路运输公司来完成，洛克菲勒敏锐

◎郑和海船（模型）◎

地觉察到，只要扼住了这条“咽喉”，就能够把竞争对手掌握在自己手中。于是，他秘密地和铁路运输公司的负责人范德比尔特进行了一笔交易，交易的结果，是使铁路运输公司给予洛克菲勒运输费用降低50%的优惠，而对于其他的厂家却提高了50%。这样，洛克菲勒在运输费用上就比其他厂家具有了极大的优势。运输费用的大幅提高，使得许多炼油厂处于举步维艰、濒临破产的地步。

“上屋抽梯”的布局完成之后，接着，洛克菲勒开始实施自己的第二步计划，即通过利益诱导将处于困境中的竞争对手引导到自己期望的道路上来。他看到大部分对手都处于走投无路的状态之后，就逐个拜访这些一筹莫展的企业主，声称对他们所面临的经营困难非常关心和同情，表示愿意帮助他们渡过难关。解决的办法，就是用标准石油公司的股票作为支付手段，买下他们的工厂。并对他们说，根据目前标准石油公司蒸蒸日上的势头，股票肯定会大幅升值，将工厂卖给自己不但不会吃亏，反而很快就都会成为百万富翁。这些陷入困境中的企业主们在面临破产的现实和成为百万富翁的诱惑下，自然选择了后者，将自己的企业换成了洛克菲勒的股票。这样，洛克菲勒实际上没有付出多大的成本，便实现了企业规模的急剧膨胀，公司的生产能力从1872年只占美国的4%，仅过了五年，到1877年时，就猛增到相当于世界石油市场的95%以上！

在吞并了竞争对手之后，洛克菲勒又轻易地将市场价格操纵在了自己的手心之中，基本垄断了世界石油供应市场，也就意味着在与成千上万用户的竞争中处于了绝对的优势地位。因此，洛克菲勒开始大幅度提高产品价格，使新价格达到了原来价格的三倍以上。刚开始的时候，欧洲的买主并不买他的账，对此群起抵抗。然而，洛克菲勒却丝毫不感到惊惶，他知道，在这些愤怒的买主们用光库存之后，自然还会找到他的门上。结果正如他所料，在这些欧洲买主们发现自己再不买洛克菲勒的石油产品就无油可用时，就都无可奈何地接受了他的新价格。这样，在短短的十多年之内，洛克菲勒便由一个名不见经传的人物一跃而成为资本主义世界的第一个十亿富翁。

外国香烟打入中国市场

十九世纪末，香烟在中国还是个新鲜玩意儿。那时候，中国人

都习惯于吸旱烟和水烟。就在这个时候，上海突然出现一种奇怪的烟，虽然它和水烟、旱烟一样可以吸，不过不是用铜的水烟袋或竹的旱烟杆吸，而是用白纸将烟丝卷成细细的烟卷，这就是现在的香烟。

当时，列强迫使清政府签订了大开通商口岸的不平等条约。一些外国人头戴高帽，肩上背着纸盒子，手里拿着西洋广告牌，不时在上海的交通要道或茶园、酒肆、戏院等公共场所出现。他们走到人多的地方，便伸手从背着的纸盒里掏出一只只小盒子向人堆里抛，有人当他们是卖商品的小贩，可是他们不要钱，有时还把小盒子拆开，抽出一支支雪白的长东西，往人的嘴里送。当人们觉得惊奇不肯接受时，他们便自己衔上一支，点上火，吸给人们看。等一股股白烟从他们的嘴边消散，他们就乐呵呵地笑着，操着蹩脚的中国话喊：“好东西，香——烟!送给你们的……”随着叫声他们又抓起小盒子，往人堆里抛。

这些洋人为什么要到处送香烟呢?原来，他们是美国烟草公司和英国烟草公司派到中国来的推销员。这些推销员刚踏上中国领土的时候，很想把他们从国外带来的香烟卖给中国人，可是当时的中国人不习惯吸这种烟，谁也不理睬他们。于是，他们就想出了这个“吃小亏占大便宜”的“置梯”送烟民“上楼”的办法，先来个“免费赠送”。过了一段时间，他们见中国人渐渐学会了吸香烟，就开始在市场上大量推销。到二十世纪初，他们在上海浦东陆家嘴办了烟厂，并合伙开设了英美烟草公司，最后达到了垄断香烟市场的目的。

第二十九计 树上开花

原文

借局①布势，力小势大。鸿渐于陆，其羽可用为仪也②。

注释 <<<

①局：阵势、诈局。

②鸿渐于陆，其羽可用为仪也：：出自《易经·渐》卦。鸿：大雁。渐：进。仪：仪表，引申为气势、雄姿。

译文

借助友军的有利局面，造成有利于我方的优势，虽然所用兵力不大，却能够发挥出很大的威慑力。这就像鸿雁慢慢地降落在大地上，全靠它那长长的羽翼来助长气势。

评点

"树上开花"原意为本来不开花的树突然开了花，含有新奇之意，是从"铁树开花"转义而来。此计用在军事上，是指当自己的力量比较弱小时，可借助友军的势力或其他有利因素，来壮大自己的声威，从而慑服敌人的计谋。

古人认为，这棵树本来没有花，但也可以使它有花。把五彩丝绸剪成花朵粘在树上，粗心的人便难以分辨真假。让花朵与树干交相辉映，造成巧妙逼真的局面。这指的是把主力配备到友军的阵地上，从而形成强大的阵容以慑服敌军。

经典案例

田单计败燕军

战国中期，著名军事家乐毅率领燕国大军攻打齐国，连下七十余城，齐国只剩下莒(今山东省莒县)和即墨(今山东省平度县)这两座城了。乐毅乘胜追击，围困了莒和即墨。齐国拼死抵抗，燕军久攻不下。

这时，有人在燕王面前说："乐毅不是燕国人，当然不会真心为燕国了，不然，那两座城怎么久攻不下呢?恐怕他是想当齐王吧?"燕昭王对此倒不怀疑，可是燕昭王去世后，其继任者惠王用一个名叫骑劫的亲信去取代了乐毅。乐毅深知此举对自己极为不利，只好逃回他的老家赵国。

齐国守将是非常有名的军事家田单，他深知骑劫根本不是将才，虽然燕军强大，但只要计谋得当，一定可以打败他。

田单首先利用两国士兵都具有迷信心理，他要求齐国军民，每天饭前都拿上食物到空地上去祭祀祖先。这样，总有成群的乌鸦、麻雀结伙地飞来抢食吃。城外的燕军从高处见状，觉得非常奇怪：原来听说过齐国有神师相助，现在，真的连飞鸟每天都定时来朝拜。结果弄得人心惶惶。

田单的第二招，是让骑劫本人上当。他派人放风，说乐毅过于仁慈了，谁也不怕他。如果燕军割下齐军俘虏的鼻子，齐人肯定会被吓破胆。而骑劫得知后，却觉得这很有道理，果然下令割下齐国俘虏的鼻子，还掘了城外齐人的坟墓。这种残暴的行为激起了齐国军民无比义愤。

◎错银承弓器◎

田单的第三招，是派人送信，大力夸赞骑劫的治军才干，表示愿意投降于他。一边还派人假扮富户，带上财物偷偷出城投奔燕军。骑劫确信齐国已经无力交战了，只等田单开城前来投降就行了。

田单的最后一招则是：他认为齐军人数太少，即使进攻也很难取胜，得另谋取胜之途径。于是，他把城中的一千多头牛集中起来，在牛角上绑上尖刀，牛身上披上画有五颜六色、稀奇古怪图案的红色衣服，牛尾巴上绑一大把浸了油的麻苇。另外，还选了五千名机灵健壮的士兵，都穿上彩色花衣，脸上涂满五颜六色，手持兵器，命他们紧跟在牛的后面。

这天夜里，田单下令把牛从新挖的城墙洞中放出，点燃麻苇，牛又惊又躁，直冲燕国军营。燕军根本没有防备，再说，这火牛阵势，谁也没见过，一个个被吓得魂飞魄散，哪里还能够还手?齐军的五千勇士接着冲杀进来，燕军死伤无数。骑劫也在乱军中被杀，燕军一败涂地。齐军乘胜追击，收复了七十余城，使齐国转危为安。

田单堪称是善于利用各种有利因素取胜的著名军事家。

司马喜借力得利

战国时期，中山君的两个妃子阴姬和江姬争着要做王后。司马喜知道这个消息之后，觉得有机可乘，就对阴姬的父亲说："如果您的女儿能够当上王后，那么您就可以得到封地，管理万民，拥有使天下人羡慕的富贵；如果争当王侯不能成功，恐怕您连性命也保不住呀。如果您想要阴姬办成这件事，为什么不让她来找我呢？"阴姬的父亲一听，连忙请他设法帮助阴姬当上王后，并答应他说："事成之后，我要好好地报答您。"

司马喜于是向中山君上书说："我已得知削弱赵国、强大中山的办法。"中山君很高兴地接见他说："我想听听你的高见。"司马喜说："我需要先到赵国去，仔细观察那里的地理形势，险要的关塞，人民的贫富，君臣的好坏，敌我力量的对比，考察之后才能作为凭据，眼下还不能具体陈述。"于是，中山君派他到赵国去。

司马喜到赵国去拜见赵王，对赵王说："我听说赵国是音乐之邦，又是出产美女的地方。但这次我来到贵国考察，到了不少大都市，观赏人民的歌谣风俗，见过各种各样的人，却根本没有见到天姿国色的美女，更不用说像我们中山国阴姬那样的绝色美人了。我周游各地，无所不至，从没有见过像她那样漂亮的女子。不知道的，还以为是仙女下凡。她的艳丽用言语简直无法描画，她的容貌姿色实在非一般的美女所能比，至于说她的眉眼、鼻子、脸蛋、额角，以及头形和天庭的骨相，那真是帝王之后，绝不是一般诸侯的嫔妃。"

赵王的心早已被他说动了，连忙问："我希望能得到她，怎么样？"司马喜说："我私底下看她那么漂亮，嘴里就忍不住地说出来了。您如果要想得到她，这可不是我敢随便做主的，希望大王不要把我说的话泄露出去。"

司马喜告辞而去，回来向中山君报告说：“赵王不是个贤明的君主。他不喜欢修养道德，却追求淫声美色；不喜欢仁德礼义，却追求勇武暴力。我听说他竟然还在打阴姬的主意呢！”

中山君听后脸色大变，很不高兴。司马喜接着说道：“现在赵国比我们强大，他要得到阴姬，大王如果不答应，那么国家就有危险；大王若是同意，不免又要被诸侯们耻笑。”中山君问：“那该怎么办才好呢？”司马喜说：“现在只有一个办法可想，就是大王马上立阴姬为后，以此断了赵王的念头。世上还没有要人王后的道理。即使他想来要，邻国也不会答应。”

中山君于是立阴姬为王后，赵王也就没有再提娶阴姬的事了。

阴姬当上王后以后，为了报答司马喜，在她的枕边风的协助下，司马喜不久坐上了相国之位。

司马喜的成功，就在于他善于借助外部条件。他先借助赵国的力量帮助阴姬当上王后，然后再借用王后的力量登上相国的宝座，最终达到自己的目的。

以土代粮借局布势

公元420年，宋武帝刘裕在南方建立了宋朝。过了十九年，北魏太武帝统一了北方。从这时开始，形成南北两个王朝对峙的局面。以后一百五六十年的时间里，南朝换了宋、齐、梁、陈四个朝代；北朝的北魏，后分列为东魏、西魏，而东魏、西魏又分别为北齐、北周代替。历史上把这段时期合起来称为南北朝。

宋武帝做了两年皇帝，就病死了。武帝的儿子宋文帝(刘义隆)即位以后，北魏渡过黄河，对宋朝大举进攻，欲夺取宋朝黄河以南的大片土地。宋文帝派檀道济率领大军抵抗。

有一次，北魏兵进攻济南，檀道济亲自率领将士来到济水边，在二十多天里，跟魏军打了三十多次仗。宋军节节胜利，一直追到历城(在今山东省)。

这时候，檀道济居功骄傲，因此，防备就有所松懈。魏军乘此机会，用两支轻骑兵向宋军前后两翼发起突然袭击，把宋军的辎重粮食，放火烧掉了。

◎城砖◎

檀道济的将士虽然英勇善战，但是军粮奇缺，后继无援，无法继续打仗，准备从历城退兵。宋军中有一兵士逃到魏营投降，把宋军缺粮的情况告诉了北魏的将领。北魏乘机就派出大军追赶檀道济，想把宋军紧紧围困起来。

宋军将士见到大批魏军正气势汹汹地包围过来，感到十分恐惧，甚至有的兵士偷偷地逃跑了。檀道济却非常镇静，从容不迫地命令将士就地扎营休息。当天晚上，宋军军营里灯火辉煌，檀道济亲自带领一批管粮的兵士，在一个营寨里查点粮食。有的兵士手里拿着竹筹高声计数。另一些兵士在用斗量米。有人偷偷地向营里探望，只见一只只米袋里面全部是雪白的大米。

这消息被魏兵的探子得悉后，赶快报告魏将。说檀道济营里军粮还绰绰有余，如跟檀道济决战，是一定又要打败仗的。魏将得知这一情报，以为在此以前告密的宋兵是假装投降，故意引诱他们上当受骗的，于是，把投降的宋兵推出斩首。其实魏将中了檀道济的计。檀道济在营里量的并不是白米，而是一斗斗的沙土，只是在沙土上覆盖着少量的白米罢了。到了天色发白，太阳渐渐地升起的时候，檀道济命令将士戴盔披甲，自己穿着便服，乘着一辆马车，大模大样地在大路上慢腾腾地移动。魏将被檀道济打败过多次，本来对他十分畏惧；同时，眼见宋军从容不迫地撤退，不知檀道济究竟在那里弄什么玄虚，暗中埋伏了多少人马，始终不敢贸然进攻。

檀道济就这样运用“树上开花”之计，以其镇静和智谋，使宋军无一损伤，安全回师。从此以后，北魏再也不敢轻易进攻宋朝。

陈赓戏敌军

1947年8月中旬，陈赓兵团挺进豫西，他先以两个旅伪装成我军主力，调动国民党军李铁军第五兵团于伏牛山区周旋，从而掩护了我军主力在另一地区不断夺取胜利。

为了迷惑敌人，陈赓施用了一系列树上开花之计谋。如故意将部队分成多路行军，以展开宽幅度的正面推进；而行军到半夜，不见敌军跟进，就停下来，派一部分兵力再绕道回到原来的村庄分头驻扎；由夜行军改为白天行军，专门在大路上扬起滚滚烟尘，扔掉散乱的背包；后卫分队每和敌人接触一次，打一场小的阻击战，都要修筑大量的工事，等等。

我军的这些行动，使国民党军扑朔迷离，一直摸不清虚实。而我军的真正主力，则在陇海铁路潼关至洛阳段以北、黄河以南地区，不断打击敌人。

阿迪达斯借名人树名牌

德国阿迪达斯公司是生产体育运动用品的著名厂家。该公司每生产一种新产品，都要请世界体坛明星穿着它参加比赛。为了让明星心甘情愿地使用它的产品，还付给明星数目可观的报酬。1936年柏林奥运会时，阿迪达斯把刚发明的短跑运动鞋送给夺标有望的美国黑人运动员欧文斯使用，结果，欧文斯一连夺取了四枚金牌，阿迪达斯公司借势大举宣传，阿迪达斯的鞋也因此名声大振，畅销世界各地。1982年的西班牙世界杯足球赛上，在二十四支参赛队中，有十三支球队身穿阿迪达斯球衣，八支球队穿阿迪达斯足球鞋。决赛时，场上有四分之三的人员(包括裁判员和巡边员)都穿用阿迪达斯的产品，就连决赛用的足球也是阿迪达斯公司制造的。阿迪达斯公司因这次比赛大出风头，在世界体坛广为人知，它的产品成了世界体坛的抢手货。

阿迪达斯不但拿产品馈赠体坛明星，还拿出产品馈赠给各界人士。仅1985年，该公司馈赠的现金和产品总额就达三千万美元。它还在公司总部别出心裁地设了一座世界上仅有的运动鞋博物馆，

◎清乾隆 头等侍卫固勇巴图鲁伊萨穆◎

专门陈列体坛明星穿过的阿迪达斯运动鞋。其中，有欧文斯穿过的跑鞋，有拳王阿里穿过的高筒拳击鞋。当许多著名运动员来博物馆参观时，公司免费给予招待。名人为阿迪达斯带来了更大的名气。

世界上有很多产品，不知默默无闻地存在了多少年，偶然一次经名人推崇和使用，便名扬四海。这些产品在名人使用以前已经存在，为什么同一产品在这前后身份就大不一样呢?这就是“树上开花”的缘故，借名人这棵耀眼的大树作广告宣传，提高自己的知名度。因为在普通人的思维中，有这样一种心理定势：名人推荐、赞赏的东西，也一定是名东西，质量、性能也一定过硬，无须再去怀疑、等待、考验。同时社会上也存在一种模仿名人的风气。名人用什么，我也用什么；名人穿什么，我也穿什么。名人用过的东西，不但能引起人们的重视、青睐，而且很可能在社会上引起购买热。所以，在今天商品日益丰富，竞争日趋激烈的情况下，生产厂家常常采用这一谋略，借名人之树来提高自己产品的知名度，扩大市场占有率。一些公司为了让自己的产品吸引顾客，引起抢购，常常不惜一切代价花钱雇用名人、明星使用自己的产品，借名人出名。美国李维公司曾成功地利用电影名星宣传该公司生产的牛仔裤。公司宣布，谁设计的牛仔裤能打入电影圈，穿在好莱坞明星身上，谁就是成功的设计师。公司将广告费主要花在电影明星身上，请影星穿着李维公司的牛仔裤演电影、电视。美国著名影星马龙·白兰度、詹姆斯·迪安都曾多次穿牛仔裤演出，掀起了阵阵“牛仔裤热”。美国李维公司的牛仔裤因此在美国走俏。

“树上开花”这一谋略，在经济上如果能被有效地采用，确实是一条捷径。德国阿迪达斯公司的足球鞋、运动衣如不是让明星在比赛场上使用，世界上能有多少人知道世上有一种阿迪达斯足球鞋、运动衣，又能有多少人购买呢?“树上开花”这一谋略，如果被恰到火候地使用，就能为企业、个人带来说不尽的好处。

第三十计 反客为主

原文

乘隙插足，扼其主机①，渐之进也②。

注释 <<<

①扼其主机：扼：控制、掌控。主机：要害、首脑机关。

②渐之进也：出自《易经·渐》卦。渐：逐渐、逐步、渐进。这里的意思是进入敌方首脑机关，需要循序渐进地逐步完成。

译文

借助空子快速插足，扼制它的主力机构，但要循序渐进。

评点

“反客为主”其意为：变被动为主动。《唐太宗李卫公问对》卷中：“臣较量主客之势，则有变客为主，变主为客之术。”《十一家注孙子·虚实篇》：“饱能饥之。张预注曰：我先举兵，则我为客，彼为主；为客则食不足，为主则饱有余。若夺其蓄积，掠其田野，因粮于彼，馆谷于敌；则我反饱，彼反饥矣，则是变客为主也。”此计用于军事上，是指在战争中，要努力变被动为主动，尽量想办法钻友军的空子，抓住有利时机，兼并或控制友军。

古人认为，被人支使的是奴仆，受人尊敬的是客人；不能立足的是临时的客人，能够站稳的是永久的客人；长期做客而不能参与军机的是贱客，能够参与其事又能逐渐握有大权的，那才是真正的主人。

经典案例

郭子仪计退吐蕃军

唐朝有个叛将，名叫仆固怀恩。他煽动吐蕃和回纥两国联合出兵，进犯中原。大军号称三十万，一路连战连捷，直逼泾阳城(今甘肃省平凉县西北)。泾阳的守将是唐代著名将领郭子仪，他是奉命前来平息叛乱的，这时他手下只有一万多精兵。面对漫山遍野的敌兵，郭子仪深知形势十分严峻。

正在此时，仆固怀恩病死了。这使吐蕃和回纥失去了中间联系和协调的人物。双方都想争夺指挥权，矛盾逐渐激化。两军各驻一地，互不联系往来。吐蕃驻扎在东门外，回纥驻扎在西门外。

面对这种新形势，郭子仪想，何不乘机分化这两支军队?他在安史之乱时，曾同回纥将领并肩作战，共同对付过安禄山。他想，何不利用一下这种老关系呢?于是，他便秘密派人前往回纥军营转达自己的盛情：邀从前并肩作战的老朋友一叙旧情。

回纥都督药葛罗，也是一个重感情的人。听说郭子仪就在泾阳，而且盛情相邀，他非常高兴。但是，他说："除非郭老令公亲自让我们见到，我们才会相信。"

郭子仪听了汇报后，决定亲赴回纥营，会见药葛罗，叙叙旧情，并借机说服他们不要与吐蕃联合反唐。

将士们深怕回纥有诈，不让郭子仪前去。郭子仪却说："为了国家，我早已把生死置之度外了!这次我去回纥营，如果能谈得成，这个仗就打不起来了，天下从此太平无事，那该多好!"同时，他拒绝带卫队同行，只带了少数随从，便到回纥营去了。

药葛罗见真的是郭子仪来了，非常高兴，便设宴款待郭子仪，谈得非常亲热。酒酣之时，郭子仪说："大唐、回纥关系一向很好，回纥

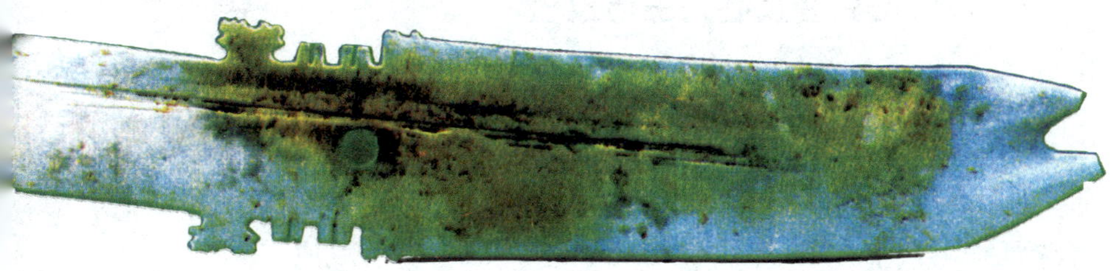

在平定安史之乱时，立了大功，而大唐也没有亏待你们呀！今天怎么能同吐蕃联合进犯大唐呢？吐蕃是想利用你与大唐交战，他们好从中渔利。”

药葛罗愤然说道：“老令公说得在理，我们是被他们骗了！我们愿和大唐一道，共同攻打吐蕃。”双方马上立誓结盟。

吐蕃得到报告，见形势突变，觉得于己不利，就连夜拔寨撤兵。郭子仪与回纥合兵追击，击败了吐蕃十万大军。

流动大军将计就计败敌军

1947年6月，晋、冀、鲁、豫野战军突破黄河天险，发动鲁西南战役。蒋介石急调王敬久部迎击，妄图把我军消灭在鲁西南或重新逼过黄河。

王敬久一面命令郓城之军坚守待援，一面将北援之兵分作两路，分别向定陶、嘉祥推进，对我军展开钳形攻势，企图迫使我军在郓城背水一战。

刘伯承、邓小平识破了敌人的阴谋，将计就计，反客为主，一面命令第一纵队坚决攻歼郓城之敌，以吸引敌人继续北进；一面命令第二、第六纵队从两路敌军之间向西猛烈穿插，乘敌左翼集团第一五三旅在定陶立足未稳之机，予以痛击，从而使敌之左翼陷于瘫痪。与此同时，我军第三纵队向正南挺进，迅速转到敌军的侧背。

这样一来，战局形势发生了根本性的变化，我军接连消灭了郓城、定陶的敌军，使局势顺利地向纵深发展。

◎关羽画像◎

塔克曼反客为主巧投资

塔克曼是华尔街证券交易所最著名的投资大师，在1990年股市大跌潮流之中，塔克曼投资公司的资产净值却增长了12.5%，更重要的是，在1990年为止的过去五年中，该公司的净值和股利，居

然增长了135%，在华尔街二十六家投资公司中，高居榜首。

塔克曼拥有八亿美元的资金，但他的选股方式非常老式，那就是买进之后即抢牢。这种看似笨拙的方式，实际上蕴含着塔克曼的选股智谋。

塔克曼投资比较集中，不是像别的投资公司那样把资金分散在几十种股票上。他认为集中下注，虽然要承担较高的投资风险，但一旦看准了投下去，很快就会把他看中的那家公司夺取过来，说到底，塔克曼喜欢“反客为主”的计谋，而且屡见奇效。

在选股时，塔克曼摸索并制定了三个标准：一是要有公司信用评定机构的很好评价；二是要有大量可动用的资金；三是低风险系数。能达到这些标准的股票通常都很贵，在贵的时候买进股票显然是不明智的，在这种情况下要实现“反客为主”的目的，成本实在太大。塔克曼的办法是在这些股票的鼎盛时期耐心等待，一直等到这些股票受到利空消息打击的时候再进场。

1990年秋季，《新英格兰医学学报》发表了一份报告，指出燕麦麸降低胆固醇特别有效的说法是谎言。这份报告帮助塔克曼掌握了一个新的公司——桂格麦片公司。

◎葫芦形火药瓶◎

桂格麦片公司原是一家很有潜力的公司，其股票价格一直居高不下，完全符合塔克曼投资的三个标准，只是正处在发展时期，塔氏不能买下它。《新英格兰医学学报》的那份报告，指出桂格麦片的主要成分燕麦麸并不能降低胆固醇，而此前的宣传报告是燕麦麸能降低胆固醇，从而极大地扩大了产品销售并导致股价坚挺。这一消息对桂格麦片公司无异是一次毁灭性的打击，价格马上从五十美元跌至四十美元。就在这个时候，塔克曼进场了，他在最低价位买下了桂格麦片公司的控股权，成为这家底气甚旺的公司的新老板。经过一番努力，桂格麦片公司重又恢复元气，股价又回到五十美元以上，这就是塔克曼成功的“反客为主”之计。

与桂格麦片股票相类似，塔克曼还用同样的方法收买了莎拉李公司的美国国际公司股票。

当投资人把金融危机看成灾难时，塔克曼却买进美国国际公司的股票，因为这种实质性股价下跌只是暂时的。后来这种股票如同其他塔克曼买进的股票一样，很快就出现回升的势头。

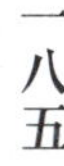

第六套 败战计

第三十一计 美人计

原文

兵强者，攻其将；将智者，伐其情[①]。将弱兵颓[②]，其势自萎[③]。利用御寇，顺相保也[④]。

注释 <<<

①情：性情、秉性、意志。

②颓：颓废、衰颓。

③萎：消失、瓦解。

④利用御寇，顺相保也：出自《易经·渐》卦。御：驾驭、控制。寇：敌人。意思是利用敌人的弱点来进攻敌人，顺势利导，便可以保护自己。

译文

对兵力强大的敌人，就要设法集中全力攻击它的将帅；敌方将帅有智谋时，便用女色对其进行“攻伐”。这就会使它的将帅的意志被“弱化”，士气委靡，从而使敌军的气势衰颓、瓦解。因而，要尽一切可能，对敌方将帅进行渗透分化，这可以使战局顺利展开，使我方实力得以保全。

评点

“美人计”指的是对用军事手段难以击败的敌方，要用“糖衣炮弹”（主要是用女色），先从思想意志上瓦解敌方的将帅，使其贪图安逸享乐，斗志涣散，内部分崩离析，再从而将其打垮的计谋。《六韬·文伐》：“养其乱臣以迷之，进美女淫声以惑之。”《兵法圆机·女》：“男秉刚，女秉柔。古之大将，间有借柔者。文用，以愚敌玩寇；武用，则作战驱车，济艰解危。运机应变，皆有利害。男不足，女有行。”

古人认为，势力强大，兵强将智，这样的敌人不能与它正面交锋，在一个时期内，只能用假意屈服的办法对付它。这办法有多种多样，如割让土地、馈赠财物等，但这些都是下策。最好的办法是运用美人计，这可以消磨敌军将帅的意志，削弱他的体质，还可以增加他的部下的怨恨情绪。

经典案例

王允使美人计除董卓

汉献帝九岁登基，朝廷由董卓专权。董卓为人阴险，滥施淫威，并有谋朝篡位的野心。满朝文武，对他既恨又怕。

司徒王允，对此十分担心，朝廷出了这样一个奸贼，不除掉他，朝政难保。但董卓势力强大，正面攻击，还无人能斗得过他。董卓身边有个义子，名叫吕布，骁勇异常，忠心保护董卓。

王允观察这“父子”二人，狼狈为奸，不可一世，但他们有一个共同的弱点：都是好色之徒。于是，王允想：何不用“美人计”，让他们自相残杀，以除后患？

王允府中有一歌女，名叫貂蝉。这个歌女，不但才艺俱佳，而且深明大义。王允向貂蝉谈了用美人计诛杀董卓的想法。貂蝉为感激王允对自己的恩德，决心以死相报，以除祸害。

在一次私人宴会上，王允主动提出将自己的“女儿”貂蝉许配给吕布。吕布见这一绝色美人，喜不自胜，十分感激王允，便决定选择良辰吉日完婚。

第二天，王允又请董卓到家里来，设盛宴相待，席间，貂蝉前来献舞。董卓一见貂蝉，便垂涎欲滴。王允见状，便说：“太师如果喜欢，就把这个歌女奉送给您吧。”老贼董卓假意推辞一番，便高高兴兴地把貂蝉带回府中去了。

吕布得知后，勃然大怒，当面斥责王允。王允编出巧言哄骗吕布。他说：“太师要看看自己的儿媳，我怎敢违命！太师说今天是良辰吉日，决定带回府去与将军成亲。”

吕布信以为真，只待董卓为他办喜事。但是过了数日，却杳无消息，再一打听，原来董卓已把貂蝉据为己有。吕布一时也没了主意。

一日董卓上朝，却忽然不见身后的吕布，心生疑虑，马上赶回府去。只见在后花园凤仪亭内，吕布与貂蝉抱在一起。他顿时大怒，就用戟向吕布刺去。吕布用手一挡，没能击中。

吕布怒气冲冲离开了太师府。原来吕布与貂蝉幽会，是貂蝉按照王允的计谋，用以挑拨他们“父子”关系。

王允见时机已经成熟，便邀吕布密室相商。王允大骂董卓强占了他的“女儿”，夺去了吕布的爱妻，实在可恨!吕布咬牙切齿，说：“不是看在父子关系上，我真想宰了他!”王允忙说：“将军错了，你姓吕，他姓董，这算什么父子关系?再说，他强占了你的妻子，还要刺杀你，哪里还有什么父子之情?”吕布说：“感谢司徒的提醒，不杀老贼，誓不为人!”

王允见吕布主意已定，立即假传圣旨，召董卓上朝受封。董卓耀武扬威，前来受封。不料吕布突然一戟刺来，直穿老贼咽喉。奸贼已除，人们拍手称快!

洪承畴闻香折节

明朝崇祯十四年，清兵大败明师于锦州，俘获统帅洪承畴。

洪承畴乃中原才士，文武全能，对中国形势、风俗掌故，十分清楚。清太宗皇帝(即皇太极)久存并吞中国之野心，想利用洪承畴作开路先锋，便派说客辩士，劝他投降，洪承畴乃狷介名士，深明大义，一意拒绝，且绝食明志。

太宗以其忠义可嘉，愈欲争取他，特下手谕，称有人能劝降洪承畴者受上赏，却没有一个人成功。洪承畴有一位随从侍役，名叫金升，特献计太宗，说主人禀性耿直，越迫越刚，唯最喜欢女人，如果用美人相劝，也许可以成功。

太宗于是下令全国，搜罗美女，可是没有一个被看得上眼的。洪承畴依然绝食等死。太宗见无计可施，无精打采地回宫休息。孝庄文皇后博尔济特氏问：“国主大败明师，中外震惊，为什么长叹起来?”太宗说：“你们女流，怎知国家大事?”“是不是中原还未征服呢?”“你真聪明，一下便说中了心事。只是为征服中原，才想招降

明朝的将领洪承畴为我前驱，可是他却矢志不降。”

“怎会有不降的傻瓜？”皇后说：“威迫不来，利诱就行了！”太宗频频摇首说：“难难难！什么都用过了，他越来越强硬，就算听他的仆从金升献计，使用美人计也不行，他根本看不起我国的美女！”

皇后皱眉沉思，好一会儿，频以眼角示意，两颊晕红，似有话要说的样子。太宗问：“爱卿亦有奇谋吗？”她总是不出声，两眼泪汪汪地盯住太宗。太宗立即拥她入怀，皇后在耳边低声说：“如果有利于国家，我不惜一切……”皇后在太宗耳边诉说一遍，忽然太宗生气地叫了起来：“我身为一国之主，岂可以戴绿帽子上朝？”“请勿动怒，我这样无非为了国家，如果不愿意就算了。”她慢慢地说出来，双手轻抚太宗的脸。太宗是个聪明人，想了一会儿，怅然叹息一声，说：“为了国家前途，由你去干吧！但要谨慎小心，不要给任何人知道！”

于是皇后特别打扮一番，黄昏时候，携了一个酒壶秘密出宫，独个儿走到禁闭厅，见洪承畴正闭目危坐，一副凛然不可侵犯的神态，乃细声问：“此位是洪将军吗？”声如出谷黄莺。

洪承畴是一个特别奇怪的英雄，什么刀锯钞票，毫不动心，唯独对于声喉婉转、吹气如兰的女人特别敏感，不知不觉地就把眼睁开，咦！怎么有这样一个美人儿？

她深深行了一个礼，说：“洪将军，我不会吃人的，怕什么？我知道将军是忠心耿耿的，绝食明志，大不了就是一死殉国，还有什么可怕的！”说时嫣然一笑，媚眼一抛。

◎蒙古族马鞍◎

洪承畴的刚气开始下降了，说：“我不是怕死，只是你来得太突然！”

“你且不要问，我此来是一片好心，想拯救你脱离苦海的！”她既庄重又妩媚地说。

“什么？你拯救我？想劝我投降？嘿！我心如铁石，请闭嘴！”洪承畴又装起威武来了。

但她绝不介意，继续说：“将军，你不要轻视我，我虽女子，颇识大义，对将军这种英勇行为、殉节精神，衷心钦佩，岂忍夺将军大志？”

“那你来这里做什么呢？”

“唉，将军，我不是说过吗？是来救将军的。”她的话充满同情而又惹人怜爱，“将军不是绝食等死吗？但绝食起码要经七八日才会气绝的，未死之前，必会饿火中烧，心绪潮涌，头晕眼花，发冷发热，个中苦楚，甚于吊颈投河。我是佛门信徒，慈悲为怀，怎忍将军受此痛苦呢？所以煎好一煲毒药来敬将军，将军现所求者不外一死，那绝食死和服毒死，究竟有什么不同？将军如怕死则已，若不怕死，请饮了这煲药，不就减少死前痛苦吗？”说完捧壶送过去。

洪承畴经她这般一捧一跌、一怜一媚的摇荡之后，已身不由己，连呼：“好好！我饮，我饮，死且不怕，何怕毒药？”立即接过壶来，张口狂饮，不料流急气促，咳嗽起来，弄得药沫飞溅，喷得美人衣襟尽湿。

洪承畴自惭，连忙向她道歉。她若无其事，谈笑自若，拿了香帕来慢慢拂拭，媚眼向洪承畴一翻，说：“看样子，将军的阳寿还未尽哩！”“哪里，哪里！我立志一死，不死不休！”再拿起药壶来，倒水一样倒落肚里。

“将军可谓英勇之至，竟能视死如归，英雄，英雄！钦佩，钦佩！”她说，“不过，我还有一句话告诉将军，你现在既已为国殉了节，但身丧异域，去家万里，丢下家人，哭望天涯，深闺少妇，对着浮云发呆，春风秋月，枕边弹滑，情何以堪？多情如将军，岂能闭眼不顾，不念旧情呢？”洪承畴被勾起了心事，酸楚万分，想到药已下肚，死期定不远，不禁泪如泉涌，簌簌地落下泪来，长叹一声，说：“事到临头，还有什么可说，什么可顾？唉！可怜无定河边骨，犹是深闺梦里人！”她知他已心动了，复又用话挑他：“决志殉国，将军可谓忠贞不贰，无愧臣节啦，但在我看来，确是笨得可以。”

“什么，照你所说，难道失节投降，反是英雄好汉？”

“将军，不是我说你，你身为国家栋梁，明朝对你的希望正殷，这样轻于一死，得了一个虚誉，究竟对国家有何补益呢？如果是我的话，会忍辱一时，渐图恢复，所谓忍辱负重，候机报君，方不负明帝重托、百姓仰望，断不会这般轻生，效匹夫所为。不过，士各有志，勉强不得。我的话说得太多了，请不要见怪；将军已服了毒，也不应该使垂死的人增加痛苦！”她一边说，一边媚眼乱飞，使出浑身解数，媚态撩人，洪承畴虽然等死，但血脉格外畅通，既醉其美貌，又服其见识，心中忐忑，莫知所之，牙齿开始发酸，欲火已冒上了眉尖。

她又说：“将军死后，有什么话要转告家人否？我两人既然相遇，亦是一段缘分，送佛送到西，我无论如何有此传递的责任！”

洪承畴听说，眼泪又流出来了。她再掏出香帕来，迎身靠过去替他拭泪：“将军，不

◎凤冠◎

要伤心，看衣服都弄湿了。唉，我也舍不得你这样子离开的!”

一阵脂香粉气，美色娇态，四面袭击而来，洪承畴不由得顺手抚着她的玉臂，觉得滑如膏脂，柔若无骨，“你——”

“唔——我，将军!”她半推半就的，嘴里吐出的是火，身上喷出的是火，“唉，可惜将军已服下了毒药!”

可是洪承畴这时欲火正炽，把死置诸脑后，一把将她搂住，说：“只要毒药迟发一刻钟，就是死在牡丹花下，做鬼也风流!”

她扑哧一笑，用指头在他额上一戳，说：“傻瓜!服毒的人只要洗洗胃就无事了!”“那你就给我洗吧!”

于是青苔石上，权为翡翠之床；罗衣绣带，暂作鸳鸯之帐。洛浦腾云巫山雨，此时无声胜有声!

这样一个贫贱不移、威武不屈的英雄豪杰，不裹尸于战场之上，殉节于刀锯之上，竟然拴缚于裙带之中。

到天明，这位曾经为万民景仰、飨过国祭的大明经略大臣、显赫将军洪承畴，竟与满清皇后含笑携手入朝参见清太宗了。

原来洪承畴当时所饮的毒药，却是长白山的特产老山参汁，掺有催情药的。

波兰特工的美男计

第二次世界大战前夕，波兰派索斯诺夫斯基到德国收集军事情报。他到柏林后，利用自己长得漂亮、富有男性魅力的优越条件，在德国妇女中施展美人计。

他很快选中了在德国陆军统帅部工作的女秘书费娜林小姐，两人一见钟情，感情甚笃。不久，又通过费娜林结识了德国陆军部作战处上校军官的女秘书封·尼小姐。索斯诺夫斯基对她们大献殷勤，赠以贵重礼物，使她们习惯于从未享受过的豪华生活。在她们已被“爱情”绳索拴住以后，索斯诺夫斯基便把自己的真实身份分别告诉了她们，使她们驯服地为他工作。

她们将文件偷出来，带回家中过夜，供索斯诺夫斯基拍照。其中有德国进攻捷克斯洛伐克、波兰的最新作战计划，德国国防军各种装备的现状以及新式武器说明书等。尽管此案被德国侦破，但德军参谋部不得不重新调整他们的作战部署。这是一例极特殊的“美人计”。

第三十二计 空城计

原文

虚者虚之，疑中生疑；刚柔之际①，奇而复奇。

注释 <<<

①刚柔之际：：出自《易经·解》卦：“刚柔之际，义无咎也。”意思是敌我力量对比差距悬殊的紧要关头。

译文

空虚的就让它继续空虚下去，这就使敌方更加难以揣测；在敌强我弱的紧急关头，运用这种奇妙的计谋，就会收到神奇莫测的功效。

评点

“空城计”是利用虚虚实实的惑敌手段，诱使敌方的攻势终止或落空的计谋。这是一种心理战术。《兵法圆机·空》：“敌之谋计利，而我能空之，则彼智失可擒。虚幕空其袭，虚地空其伐，虚发空其力，虚诱空其物。或用虚以空之，或用实以空之。虚不能实，诡幻不赴功；实不能虚，就事寡奇变，运行于无有之地，转掉于不形之初。杳杳冥冥，敌本智而无着其虑，敌未谋而无所生其心。洵空虚之变化，神也！”

古人认为，用兵必须虚虚实实，没有定式可循，势虚的就再显示其空虚。自诸葛亮之后运用此计的，不乏其人。

经典案例 

两唱空城计

春秋时期，楚国令尹公子元，在他哥哥楚文王死去之后，非常想占有他漂亮的嫂子文夫人。他用各种方法去向她讨好，而文夫人却始终无动于衷。于是，他想建功立业，显显自己的能耐，以此讨得文夫人的欢心。

公元前666年，公子元亲自率军车六百乘，浩浩荡荡，前去攻打郑国。楚国大军一路连下几城，直逼郑国国都。郑国国力较弱，都城内更是兵力空虚，无法抵挡楚的进犯。

◎错银双翼铜神兽◎

错银双翼铜神兽共出土四件两对，除头向相反外，形体和各部分纹饰均相同。神兽昂首侧扭，圆颈直竖，前胸宽阔，两肋生翼，臀部浑圆，足如钢钩，后尾斜垂呈花鞭状。腹底均铸有铭文，记载器物铸造的年代、官吏、工匠的名称。该器全身错银，勾勒出卷云纹为主体的装饰。

郑国危在旦夕，群臣惶恐，有的主张纳贡请和，有的主张拼一死战，有的主张固守待援。而这几种主张在当时都难以解除危局。上卿叔詹说："请和与决战都不是上策。固守待援，倒是可取的方案。当年，郑国和齐国订有盟约，而今我们有难，齐国会出兵相助的。只是空谈固守，恐怕也难守住。公子元伐郑，实际上是为了邀功图名，用以讨好文夫人。他一定急于求成，又特别害怕失败。我有一计，可以用来使楚兵撤退。"

于是，郑国就按照叔詹的计策，在城内做了安排。命令士兵全部埋伏起来，不让敌人看见一兵一卒。令店铺照常开门，百姓往来如常，不准露出一丝慌乱之色。大开城门，放下吊桥，摆出个完全不设防的样子。

楚军先锋到达郑国都城城下，见此情景，便起了疑心：莫非城内设下埋伏，诱我中计？于是，不敢轻举妄动，只等公子元前来决断。公子元赶到城下，见状，也觉得好生奇怪。他率众将到城外高地瞭望，见城中确实空虚，但又隐隐约约看到了郑国的旌旗甲士。于是，公子元便认为其中必定有诈，不可贸然进攻，先派人进城探听虚实，再做决断。

这时，齐国接到了郑国的求援信，立即联合鲁、宋两国发兵救郑。公子元闻报后，知道三国援军开来，楚军不能取胜。好在已经打了几次胜仗，还是赶快撤退为妙。而他又害怕撤退时郑国军队会出城追击，于是，下令全军连夜撤走，人衔枚，马裹足，不出一点声响。所有营寨都不拆走，旌旗照旧飘扬。

第二天清晨，叔詹登城一望，便说道："楚军已经撤走了。"众人见敌营陈设一切如旧，便不信此言是真。叔詹说："如果营中有人，怎会有那么多的飞鸟盘旋上下呢?他们也用空城计欺骗了我们，急忙撤兵了。"

这就是中国历史上第一个使用空城计的战例。

三国多用空城计

虽然空城计早在公元前666年已被作为一种谋略，但空城计的闻名，却因诸葛亮的使用。

◎戏曲《空城计》◎

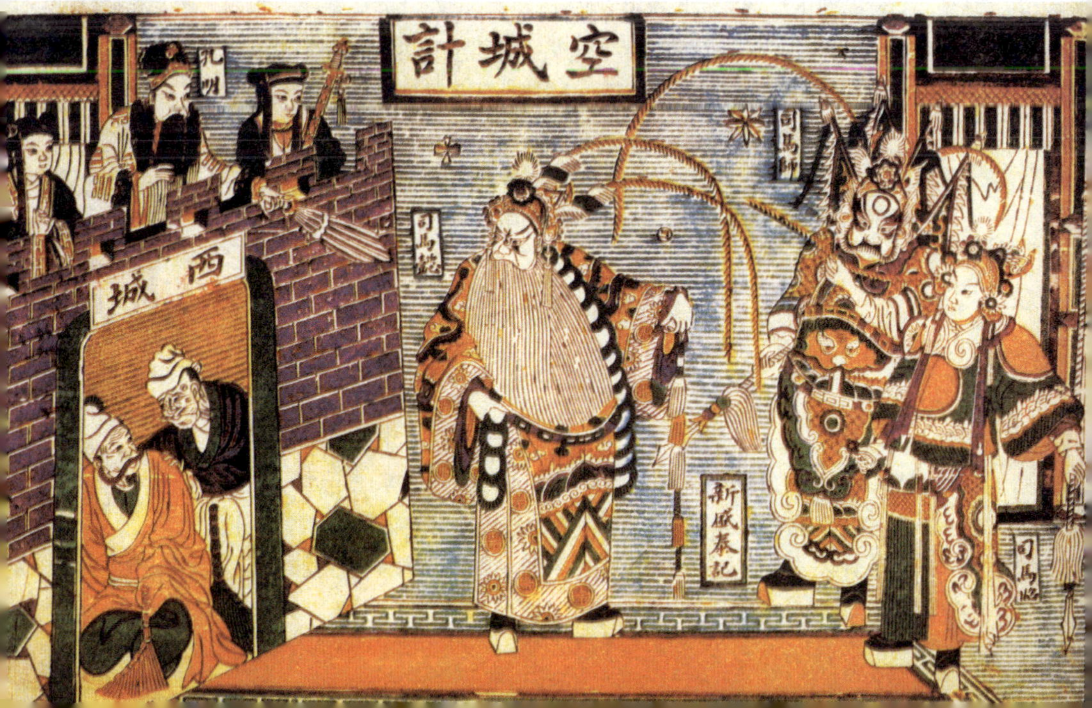

蜀国丞相兼三军统帅诸葛亮屯兵阳平时，一次派大将魏延带兵去攻魏军，只留少数老弱残兵守城。此时忽报魏军大都督司马懿率领大队人马，浩浩荡荡杀来。守城军士闻报，无不惊恐，不知如何是好。诸葛亮算计，如果此时弃城逃跑，用不了多久就会被追上。于是他下令偃旗息鼓，大开城门，还派人扮老百姓去城门口洒扫道路，自己则登上城楼悠闲弹琴，态度从容，琴声有制而不乱。司马懿来到城前，见此情状，心想："诸葛亮一生谨慎，从不鲁莽冒险，今天为何这般模样?恐怕城内早已布置了伏兵，故意诱我入城。"再听琴声有力，心想，如再不及时退兵，又要上他的当!于是急忙下令退兵。

人们习惯上将诸葛亮的这个计谋称为"空城计"。但是现在的史学研究表明，诸葛亮当时根本没有与司马懿在阳平地区交过战，倒是蜀国以勇武闻名的大将赵云用过空城计。

据《三国志·蜀书·赵云传》载，公元219年，曹操大军攻到汉中，蜀国黄忠所部与赵云所部被曹军分隔截断，赵云数战不利，部将张著又受重伤，情况十分危急。赵云乃退回营垒之中，大开营门，偃旗息鼓。曹军"疑云有伏兵，引去"。第二天早晨，刘备来赵云营中视察，说："子龙一身都是胆也。"

此外，与诸葛亮同时的大将王平，在马谡失街亭之后，曾以空城计退魏将张郃，率将士而还，并以此加拜参军，封亭侯。

曹操部下大将文聘也曾用空城计退敌。据《三国志·魏书·文聘传》载，公元226年，文聘率军驻守在今湖北黄陂西，孙权亲自率五万人来攻。可是，当时天下大雨，城栅崩坏，无法守城。文聘就决定以空城计疑惑东吴孙权，下令城中百姓不得随便出门，使街上无一人，又自卧床上不起。孙权果然迷惑不解，认为我率军已攻到城下，他却没一点动静，如无密谋，必定有援兵。于是不敢进，下令退兵。

毛泽东用空城计退敌

1948年10月，国民党华北"剿总"司令傅作义，准备派兵进犯已被我军解放的石家庄。当时，中共中央已迁至距石家庄不远的西柏坡，我军主力部队均在远处作战，石家庄实际上是座空城。

面对这一情况，毛泽东指示在中央机关做好撤离准备的同时，决定导演一场“空城计”。他挥笔写了一篇四百五十字的新闻，揭露敌人企图进攻石家庄的阴谋，说明我军已经严阵以待，随时准备粉碎敌人的进攻。

新闻播出以后，傅作义大吃一惊。他见自己的意图已经暴露，石家庄已经做好了充分准备，只好放弃进攻的打算。

隆美尔阅兵

第二次世界大战期间，德国、意大利军队与盟军在北非战场上进行了激烈的争夺。1940年12月，意军在北非被盟军击败。次年2月，隆美尔率德国非洲军增援。当时，希特勒正筹划大举入侵苏联，能调往北非的坦克极为有限。

隆美尔为了向盟军示强，到达非洲不久，即在意属北非利比亚首府的黎波里广场阅兵。他用以虚掩虚的计谋，令第二装甲师的一个坦克团在检阅台前反复经过，又以伪装的卡车和用木头或纸板搭成的模型伪装坦克群，来迷惑英国在的黎波里的谍报人员及其侦察机。

英国中东司令部被德国军队的假象所欺骗，被对方的“强大”吓得一片惊慌。隆美尔乘机发起攻击，英军一触即溃，德军仅用两个星期，就向前推进了八百多公里。

松下公司巧脱困境

松下公司是由松下幸之助创办的一个大型电器王国。在其七十多年的历史中，松下公司也曾多次遇到生存危机。但是，松下幸之助每次都渡过了难关。

二十世纪五十年代，日本出现经济大滑坡，松下公司的产品也大量积压。有人向松下幸之助建议减员一半，以渡过眼前的难关。这个消息透露出去后，整个公司人心惶惶。

此时松下幸之助恰巧有病住进了医院。松下公司的两位

◎砍刀◎

高级总裁武久和井植到医院看望松下。

“你们对公司目前的困难有什么高见吗?”松下问。“看来除了减员没有什么好办法了!”井植说。

松下在病床上欠起身,语气坚定地说:“我已经决定一个人也不减!”

武久和井植听了,都大吃一惊。

松下接着说:“如果我们减人,别人就会看出我们的困难。别的公司就会趁机给我们讲条件,我们的处境就会愈加艰难。如果我们不减人,外界就会认为我们是有实力的,竞争对手便不敢小看我们。”

“没有这么多的活干怎么办呢?”武久问。

“办法我已想好了,改为半天上班,工资按以往全天的标准分发。”武久和井植回到公司,集合起全体员工传达了松下的决定。员工们听到这个消息立即欢声雷动。所有的人都发誓要尽力为公司而战,公司上下出现了万众一心、共渡难关的局面。别的公司听说松下公司不减一人,而且只上半天班发全天工资,顿时感到松下公司不愧是日本实力雄厚的公司,定有灵丹妙药和回天之力。后来,松下公司的全体员工,齐心协力,只用两个月时间便把产品全部推销出去。

接着不但停止了半天工作制,而且还要加班加点地干才能把大批订货赶制出来。

第三十三计 反间计

原文 

疑中之疑，比之自内[①]，不自失也。

注释

① 比之自内：出自《易经·比》卦："比，辅也。"意思是来自敌方内部的援助。

译文 

在疑阵中再设一重疑阵，比照此法，在敌营内巧设内应，我军定会取胜。

评点

"反间计"是指巧妙利用敌方间谍为我所用的计谋。《十一家注孙子·用间篇》："反间者，因其敌间而用之……必索敌间之来间我者，因而利之，导而舍之，故反间可得而用也……五间之事，主必知之，知之必在于反间，故反间不可不厚也。"《兵法圆机·间》："间者，怯敌心腹，杀敌爱将，而乱敌计谋者也。其法则有生有死，有书有文，有画有谣，用歌用赂，用物用爵，用敌用飨，用友用女，用恩用威。"

古人认为，间谍的任务之一，就是设法挑拨敌军内部使之互相猜疑；反间则是利用敌方离间我方的阴谋，再转嫁给敌方。

◎民间金漆木雕人物四条屏◎

经典案例

离间计翦除项羽左右臂

公元前204年，刘邦被项羽包围在荥阳城中一年之久，外援和粮草通道都被断绝，刘邦想与项羽割地求和，项羽不听，内外交困之际，便去请教陈平。陈平为他分析道："项王为人，恭敬爱人，士之廉节好礼者多归之。至于行功赏爵邑，重之，士亦以此不附。今大王嫚而少礼，士之廉节者不来；然大王能饶人以爵邑，士之顽顿耆利无耻者亦多归汉。诚各去两短，集两长，天下指麾即定矣。然大王资侮人，不能得廉节之士。顾楚有可乱者，彼项王骨鲠之臣亚父、钟离昧、龙且、周殷之属，不过数人耳。大王能出捐数万斤金，行反间，间其君臣，以疑其心，项王为人意忌信谗，必内相诛。汉因举兵而攻之，破楚必矣。"大体意思是，项羽虽然招纳了许多人才，但他每到赏赐功臣时，都吝啬爵位和封邑，因此士人多不愿意为他卖命。他所依赖的，不过是亚父范增、钟离昧、龙且等几个人。他建议刘邦，如果能舍得些钱财，用反间计离间他们君臣之间的关系，使之上下相疑，引起内讧，到那时汉军乘机反攻，定能击败楚军。刘邦听从了他的计策，慨然交给陈平四万两黄金，听凭他自由支配。陈平用这些钱重金收买楚军中的将士，让他们散布流言说：钟离昧、龙且、周殷等将领功绩卓著，但却不能封王，他们将要与汉王联合，灭掉项羽，瓜分他的土地。谣言传到项羽耳中，项羽果然起了疑心。此时，适逢项羽派使者到汉营，陈平听说项羽的使者到了，立刻指使侍从拿出上等的餐具和十分丰盛的食品，可一见到楚使之后，他又佯装惊讶道："原以为是亚父范增的使者，怎么却是项王的使者？"于是匆忙命人把原物撤下，换上劣等的食物及餐具。楚使回去把这件事

◎春秋 龙首神兽◎
神兽造型奇异，龙首兽身，口吐长蛇，头上还蟠伏着六条小龙。

情报告给了项羽，项羽又对范增陡生疑心。亚父范增不知道其中的原委，还一再地去劝说项羽速取荥阳，以免夜长梦多。项羽由于不再信任他了，对范增的建议不理不睬。范增本来对项羽忠心耿耿，见项羽竟然疑心自己，气愤地说："天下事大定矣，君王自为之！愿乞骸骨归！"就是说，天下事成败已定，请项羽好自为之，他请求带这把老骨头退归乡里！范增又气又恼，归乡途中背生痈疽，还没有到故乡彭城，就病死在了路上。一年后，刘邦将项羽彻底击败。

蒋干盗书

三国时期，赤壁大战前夕，周瑜巧用反间计杀死了精通水战的叛将蔡瑁、张允，就是这方面的有名事例。

当时，曹操率领号称八十三万大军，准备渡过长江，占据南方。当时，孙、刘联合抗曹，但他们的兵力要比曹军少得多。

曹操的军队都是由北方士兵组成的，善于陆战，而不善于水战。正好有两名精通水战的降将蔡瑁、张允可以为曹操训练水军。曹操把这两个人当成宝贝，厚待有加。一次，东吴主帅周瑜见对岸曹军在水中摆阵，井井有条，十分在行，而心中大惊。他便产生了一定要除掉这心腹之患的念头。

曹操一向爱惜人才，他深知周瑜年轻有为，是个军事奇才，便很想拉拢他。曹营谋士蒋干自称与周瑜曾是同窗好友，愿意过江劝降。曹操就立即派蒋干过江去说服周瑜。

周瑜见蒋干前来，一个反间计谋就已经酝酿成熟了。他热情款待蒋干。酒席上，周瑜让众将作陪，炫耀武力，并相约只叙友情，不谈军事，堵住了蒋干的嘴巴。

周瑜佯装大醉，约蒋干同床共眠。蒋干因周瑜不让他提及劝降之事，心中非常不安，哪里能够入睡？于是，他便偷偷下床，见周瑜的案头上放着一封信。他偷看了那封信，原来是蔡瑁、张允写来的，信中约定与周瑜里应外合，以击败曹操。正在这时，周瑜说着梦话，翻了翻身子，吓得蒋干连忙上

◎箭囊◎

床。又过了一会儿，忽然有人要见周瑜，周瑜便起身和来人谈话，还装作故意看看蒋干是否睡熟了。蒋干便装作沉睡的样子，只听周瑜同那个来人小声谈话，听不清说了些什么，只听见提到蔡、张二人。于是，蒋干对蔡、张二人同周瑜里应外合的计划，就更加确信无疑了。

蒋干便连夜赶回曹营，让曹操看了那封信件，曹操顿时火冒三丈，立即将蔡、张二人问斩。待冷静下来之后，曹操方知是中了周瑜的反间之计，连连叫苦不迭，但也只能是无可奈何了。

岳飞巧施反间计

岳飞不但作战有方，且计谋很多，常常出敌不意，并多次运用反间计，每每总有收获。

岭表一带的群盗力量十分强大，高宗命岳飞前去招安。岳飞派人见到了头目曹成，曹成理也不理。岳飞只好向高宗报告："岭表一带的群盗力量十分强大，只有空口无法招安，必须用武力把他们的力量削弱一部分，再行招安，才有可能。"高宗想了想说："那就请你带兵进剿吧，不过可要速战速决为好啊！"岳飞率部进军岭表，一边走他一边想，如何才能尽快地叫曹成投降，不拖延很长时间?正在这时候，前军来报："岳元帅，刚刚抓到了敌人一名探子。"说着就押过来一名敌探。

◎岳飞抗金◎

岳飞看那敌探，两只贼眼上下乱转，一看就是一肚子鬼点子。岳飞顿时计上心来。岳飞下令："天不早了，扎营休息吧。"又说："把这个探子绑到帐前的柱子上，可不能叫他跑了！"

正在这时，一员大将前来报告："元帅，粮食已吃光了，你看怎么办好呀?"岳飞一听，大为不满，一脸的不高兴，说：“那就只好准备回去了，传我的命令准备返回。”大将听令走了。这些话那个探子听得清清楚楚，也看到了岳飞的表情。

到了晚上，看守探子的士兵，一个一个都喝醉了，准备回家，无心看守。探子看到时机已到，解开绳子逃跑了。探子一口气跑回了山寨，边跑边叫道：“大王，大王，我回来了！”

“你都探了什么消息？”曹成问。“大王，岳家军已经没有粮草了，他们准备明早回朝了！”“这你是怎么知道的？”探子就把自己如何被抓，如何听到消息，又如何跑出来的经过说一遍。曹成一听，连说：“有道理，有道理。看来时机到了！弟兄们，随我下山，咱们去抄岳家军的后路！”岳飞看到探子跑了，知道反间计已经有希望了，便下令：“立即开饭，饭后急行军占领敌人山寨！”曹成在山外扑了空，当他返回山头的时候，只见到处都是岳家军的大旗。岳家军已经占了许多险关，曹成已经无家可归了。此时岳飞通知曹成：还不快快投降！曹成无奈，只好受了招安。

岳飞与金兵作战，也是多次使用反间计。刘豫与金勾结，对中原已构成威胁，岳飞早想用计谋打破他们的联盟。这一天，岳家军抓到了一个金兀术手下的间谍。岳飞早就知道金兀术与刘豫不和，所以事先就定好了反间计。当兵士把那个间谍押进大帐的时候，岳飞一见便发火了：“你这个张赋，我派你到齐地去，你为何一去不回？”间谍一听岳飞叫他张赋，心中暗喜，一定是岳飞认错人了，我何不将错就错，也可保全自家一条性命。便说道：“小人实在是不知何时回

◎关驳(模型)◎

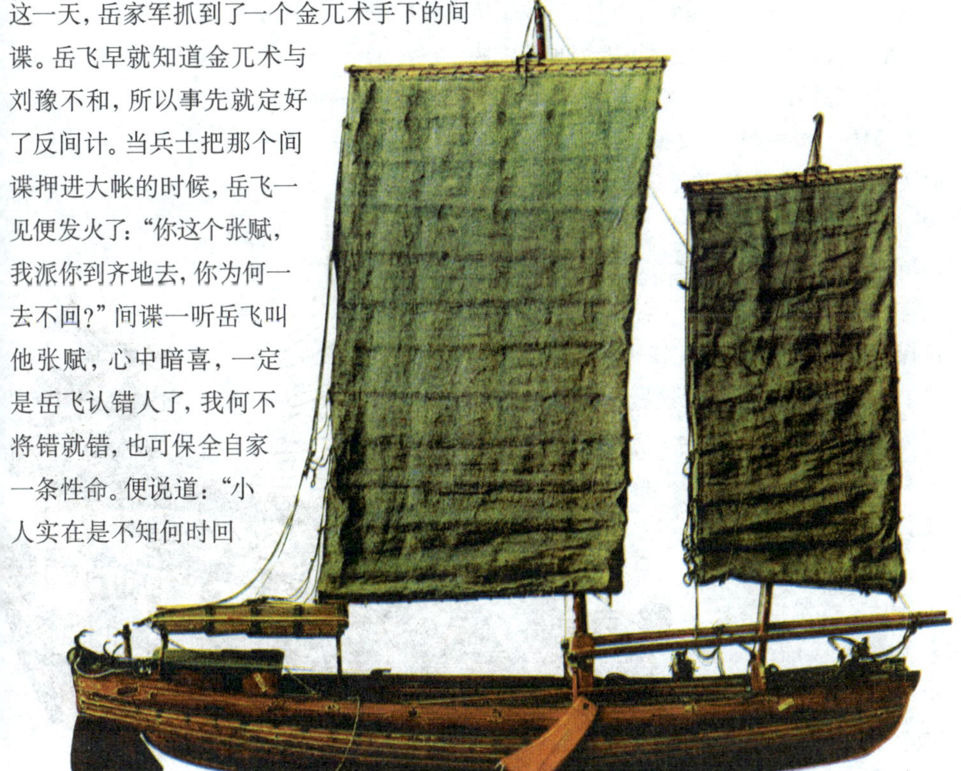

来呀!”岳飞大怒:“你不知道,当初我派你去齐地,是叫你诱来金兀术,可是你一去不回,我只好又派别人去了,齐军已经同意明年以联合进攻长江为名,把金兀术骗到清河来,把他收拾掉,可是你不回来了。你可知罪?”“小人知罪,小人知罪!”“你要是知罪,我就写一封信,你带给刘豫,叫他按时起兵!”

说着岳飞就提笔写了一封信。用蜡油封了起来,又叫士兵用刀将探子的大腿割开,将信放了进去。那间谍回去之后,把信交给了金兀术。金兀术一看信,大吃一惊,立刻交给了金主,于是金主当机立断,废除了刘豫的一切权力和职务。从此,刘、金的联合土崩瓦解了。

英军使用反间计震慑敌军

第二次世界大战期间,英、德两国间进行了激烈的反潜之战。德军潜艇曾使用一套反探测战术,每当遭到英军潜艇的探测器搜索时,德军潜艇就从鱼雷管往外排出气体,造成大量的气泡,误导英军潜艇去跟踪气泡,而德军潜艇则顺势逃脱。

为了破坏德军这一反探测战术,英国海军一面研究新的技术,一面加紧对德间谍进行收买,用反间计侦破德军的反潜能力。英军收买了德军间谍塔特,并让这个双料间谍给德国情报局发报,诡称他最近宴请一位英国海军新式驱逐舰上的指挥官,这位指挥官酒后失言,吐露真情,称英军已经有了对付德军反探测的新办法,而德军潜艇喷出的气泡则帮了英军的大忙。塔特把这份情报与前不久偶然被英军击沉的一艘经过反探测训练的德军潜艇的情况联系起来,向德国情报机关做了报告。

结果,使德国错误地估计了英军反潜技术的能力,一度放弃了这项技术的使用,造成了巨大的损失。

第三十四计 苦肉计

原文

人不自害，受害必真；假真真假，间[①]以得行。童蒙之吉，顺以巽也[②]。

注释 <<<

①间：计谋、计策。

②童蒙之吉，顺以巽也：出自《周易·蒙》卦。意思是只要顺着懵懂儿童的性情启发、教育他，他就会相信你。

译文

任何人都不愿意自己受到伤害，一旦受到伤害必定会令人深信不疑；假的可以变成真的，真的也可以变成假的，真真假假相互并用时，离间之计就能够得以实行了。善于利用敌方幼稚而急于求胜的心理，这也是顺势而为的手段。

评点

"苦肉计"是利用"人不自害"的常理，进行自我伤害，以取信于敌方，从而进行间谍活动的计谋。《三国演义》第四十六回："孔明曰：'不用苦肉计，何能瞒过曹操？'"《常言疏证》："《凤求凰》剧：假妆病态，伪作愁容，这分明是苦肉计。"

古人认为，间谍就是要利用矛盾使敌人互相猜疑，反间谍就是要利用敌方间谍窃取我方预设的假情报，并千方百计让它信以为真。运用苦肉计，就是要假装受到迫害以便打入敌人内部，再借机进行间谍活动。凡是派出与自己有矛盾的人去诱骗敌人，不论是作为内应，或是协同作战，都是属于苦肉之类的计谋。

经典案例

要离计除庆忌

春秋时期，吴王阖闾杀了吴王僚而夺得王位。但他十分惧怕吴王僚的儿子庆忌为父报仇。庆忌正在卫国扩大势力，准备攻打吴国，以夺取王位。

阖闾整日提心吊胆，要大臣伍子胥替他设法除掉庆忌。伍子胥向阖闾推荐了一个智勇双全的勇士，名叫要离。阖闾见要离矮小瘦弱，便说：“庆忌人高马大，勇力过人，你如何杀得了他？”要离说：“刺杀庆忌，要靠智力，不靠武勇。只要能接近他，事情就好办。”阖闾说：“庆忌对吴国防范甚严，怎么能够接近他呢？”要离说：“只要大王砍断我的右臂，杀掉我的妻子，我就能取信于庆忌。”阖闾不肯答应。要离说：“为国而亡家，为主而残身，我心甘情愿！”

于是，吴都忽然流言四起：阖闾弑君篡位，是无道昏君。吴王下令追查，原来那流言是要离散布的。阖闾下令捉住了要离和他的妻子，要离当面大骂昏王。阖闾假借追查同谋，未杀要离，而只是斩断了他的右臂，把他夫妻二人关进监狱。

几天后，伍子胥令狱卒放松看管，让他寻机逃走。阖闾听说要离逃走了，就把他的妻子杀掉了。

这件事不仅传遍了吴国，其邻国也都知道了。不久，要离便逃至卫国，求见庆忌，请求庆忌为他报断臂杀妻之仇，庆忌接纳了他。

要离果然接近了庆忌，他劝说庆忌伐吴。要离成了庆忌的亲信。在庆忌乘船向吴国进发时，要离乘庆忌不备，从他的背后用矛狠狠刺了过去，穿透了庆忌的胸膛。庆忌的卫士要捉拿要离。庆忌却说：“敢杀我的也是个勇士，放他去吧！”庆忌因失血过多而死。

要离完成了刺杀庆忌的任务，家毁身残，也自刎而死。

苦肉计取悦船王

希腊船王克里斯蒂娜有一笔巨大的财产，这一直为前苏联克格勃所垂涎。为了获取船王的欢心，克格勃间谍考佐夫故意制造了一起汽车撞车事故，用苦肉计取悦船王。

1978年的一个晚上，船王克里斯蒂娜由前苏联驻希腊大使陪同，去观看莫斯科芭蕾舞剧团的专场演出。演出结束后，船王仍然激动不已。当汽车驶到伯美尔大街时，只见一辆黑色本茨轿车从对面飞驶而来。克里斯蒂娜用双手捂住眼睛，大声惊叫。就在这千钧一发之际，考佐夫驾驶黑色雪佛莱轿车从后面顶了上去，与那辆迎面闯来的“醉汉”开的本茨轿车相撞起火。

“英雄”考佐夫胸部受了重伤，被送往医院抢救。船王由此非常感激考佐夫，常去医院看望他。待其出院后，又邀请他到属于她的斯克皮奥斯岛疗养，并且，不顾家族反对和舆论压力，于1978年8月1日，与考佐夫正式举行了婚礼。

唤文龙王佐断臂入金营

南宋时，金兵南侵，金兀术与岳飞在朱仙镇摆开决战的战场。金兀术有一义子，名叫陆文龙，这年十六岁，英武过人，是岳家军的劲敌。陆文龙本是宋朝潞安州节度使陆登的儿子，金兀术攻陷潞安州，陆登夫妻双双殉国。金兀术将还是婴儿的陆文龙和奶娘掳至金营，收为义子。陆文龙对自己的身世完全不知。

◎岳飞雕像◎

一日，岳飞正在思考破敌之策，忽见部将王佐进帐。岳飞看见王佐脸色蜡黄，右臂已被斩断敷药包扎，大为惊奇，忙问发生了什么事。原来王佐打算只身到金营，策动陆文龙反金。为了让金兀术不怀疑，才采取断臂之计。岳飞十分感激，泪如泉涌。

王佐连夜到金营，对金兀术说道：“小臣王佐，本是杨么的部下，官封车胜侯。杨么失败我只得归顺岳飞。昨夜帐中议事，小臣进言，金兵二百万，实难抵挡，不如议和。岳飞听了大怒，命人斩断我的右臂，并命我到金营通报，说岳家军即日要来生擒狼主，踏平金营。臣要是不来，他要斩断我的左臂。因此，我只得哀求狼主。”

金兀术同情他，叫他“苦人儿”，把他留在营中。王佐利用能在金营自由行动的机会，接近陆文龙的奶娘，说服奶娘，一同向陆文龙讲述了他的身世。文龙知道了自己的身世后，决心为父母报仇，诛杀金贼。王佐指点他不可造次，要伺机行动。

金兵此时运来一批轰天大炮，准备深夜轰炸岳家军营，幸亏陆文龙用箭书报了信，使岳军免受损失。当晚，陆文龙、王佐、奶娘投奔宋营。王佐断臂，终于使猛将陆文龙回宋朝，立下了不少战功。

使苦肉计骗工艺

在世界啤酒市场上，德国是传统的啤酒生产大国，它生产的啤酒以独特的口味、丰富的营养，备受世人推崇。

一天，德国某著名啤酒厂的总经理驾车外出，突然，路上蹿出一个人打算从车前横过。由于事出突然，汽车躲闪不及，把行人撞倒，并从一条腿上压了过去。按照当时的法律，汽车肇事要受很重的惩罚。总经理非常紧张，连忙下车察看伤情。受害者是一位日本难民，他不但没有过多地刁难，反而说是自己不小心，不会过多地追究。啤酒厂的总经理深受感动，急忙把他送进医院，进行精心的治疗。

◎穆桂英◎

由于救助及时，日本人的伤很快好了，但落下了残疾。他对总经理提出了一个要求，说自己本来生活困难，无家可归，现在成了残疾，连谋生的路都没有了。他希望总经理能够给他一份力所能及的差使，让自己能够糊口。对于这样的要求，总经理当然无法拒绝，于是把他安排在自己的工厂里。

日本人在啤酒厂干了几年之后，忽然不辞而别；又过了几年，德国的啤酒厂家了解到日本也能够生产出和德国一样优质的啤酒，在世界市场上与德国啤酒形成了有力的竞争。原来，当初那位被汽车压断了腿的日本人并不是一位普通的难民，他对德国啤酒厂的丰厚利润非常羡慕，也想建一家啤酒厂。但由于德国人对于啤酒的酿造工艺严格保密，为了窃取别人的技术机密，他不惜使出“苦肉计”，深入到德国的啤酒工厂，并最终达到了自己的目的。

第三十五计 连环计

原文

将多兵众，不可以敌①，使其自累，以杀②其势。在师中吉，承天宠也③。

注释 <<<

①敌：抵挡、抵抗。

②杀：削弱、消减。

③在师中吉，承天宠也：出自《易经·师》卦。宠：帮助、支持。意思是将领指挥得当，军队就会旗开得胜，就像是得到神灵帮助一样。

译文

敌方将多兵众，力量强大，我方万不可与之死拼，应当施用计谋使它受到牵累，借以削弱他的强势。将帅如能用兵如神，胜利就会从天而降。

评点

“连环计”是一次连续施用两个以上的计谋胜敌的谋略。《兵法圆机·迭》：“大凡用计者，非一计之可孤行，必有数计以勷之也。以数计勷一计，由千百计练数计，数计熟，则法生若间中者，偶也。适胜者，遇也。故善用兵者，行计务实施，运巧必防损，立谋虑中变，命将杜违制。此策阻而彼策生，一端抑而数端起，前未行而后复具；百计迭出，算无遗策。虽智将强敌，可立制也。”可见，在实战中，常常数计并用。

古人认为，连环计就是使敌人行动不灵并自相钳制，然后，再运用围歼谋略。前计为累敌之计，后计为攻敌之计，两计结合运用，任何强敌都将被击败。

◎三国文化城景观◎

经典案例

张仪戏楚王

张仪做了秦国的宰相，为破坏六国的合纵联盟，施用连环的颠覆外交手腕，使得六国互相争斗。

那时，齐国和楚国还很亲密，曾合兵打败过秦国，抢去了曲沃这块地方，秦王想拆散齐楚联盟，问张仪有什么对策可想。张仪便说：“凡是联盟的，完全是个利害关系的组织，以利合，以利分，这是必然的，臣凭此三寸不烂之舌，亲到楚国去访问一次，必会使得楚国和齐国绝交。”

秦王便派他到楚国去，张仪知道楚国有个嬖臣名叫靳尚，楚怀王对其言无不听计无不从。他到了楚国之后，先向靳尚施用“银弹政策”，重金贿赂靳尚，然后往见楚王。

楚怀王素慕张仪才能，很高兴地接待他，问：“先生屈临敝邑，有何见教?”张仪直截了当地说：“臣此次系奉秦王之命，想与贵国缔结联盟，大家罢兵息争，和平共处!”“和平共处，确是最好的主意。”楚王说，“不过秦国屡次侵犯我国，这又何从谈得上结盟呢?”张仪说：“根据秦楚的地缘关系和过去的邦交友谊，和平共存是最有可能的，且有利无弊，秦王久有此打算，不过他所最不满意的就是齐王，贵国又与齐国联盟，所以不便和大王结交。大王如果相信我的话，我倒有一个办法，使秦楚恢复邦交，而且现在就是个好机会!”他说到这时故意停了一下，楚王不禁发问：“你有什么计策呢?”

张仪便说：“大王只要肯马上和齐国绝交，秦国愿意奉献商於的六百里地方给大王。这样一来，齐国没有大王的支持，马上就会衰弱下来，贵国既可以和秦国结义，暗中又得了商於的土地，为大王的利益着想，正是一举三得，您何乐而

◎马鞍◎

不为呢?”

楚王听了大喜，厚赏张仪，满朝文武齐向楚王称贺，独陈轸和屈原反对，但楚王不听，立即派人去通知齐国，断绝联盟关系，一面使逢侯丑跟张仪入秦地。

张仪和逢侯丑一路饮酒谈心，亲如弟兄，入了咸阳，张仪忽然诈醉从车上跌落下来，叫左右扶他就医，嘱咐逢侯丑暂往馆驿住宿，待伤好了再去朝见秦王，一面秘密入宫奏知秦王，如此这般应付楚使。

张仪回家躲了起来，闭门谢客。逢侯丑往见，俱遭拒绝，想见秦王又不得。这样等了一天又一天，一点消息都没有。逢侯丑等得不耐烦，乃上书秦王，说及张仪许地的话。秦王回信给他，写着：“张仪如有约寡人必当践行，但闻楚与齐尚未绝交，寡人恐受愚，非等张仪亲自奏明，不敢信也。”逢侯丑便又去见张仪，始终见不到，乃遣人回去报告楚王，楚王也明白秦王的意思，就差勇士宋遗到齐国边疆去辱骂齐王，齐王大怒，乃遣人到秦国去，想联合秦国去攻打楚国。

张仪得知齐国使者到咸阳，认为计划已经成功了，便宣称入朝，在朝门旁碰着逢侯丑，故作惊讶地问他：“你还未回去吗?收了地没有?”

逢侯丑将经过的情形告诉他说：“秦王专候相国当面决定，今幸相国病好了，请早些对秦王讲清楚，早定地界，我可回复楚王。”

“什么?”张仪说，“这件事无需和秦王商量的，这是我自己的事!我说过，愿将自己的封地六里献给楚王。”“啊?”逢侯丑大声惊叫起来，“我在楚王面前奉命来接收商於六百里地方的，未闻是相国的封邑六里啊?”

张仪笑将起来，说：“楚王老昏了，听错了数目字，你想想秦国的土地，皆百战得来的，岂可轻易送给人?尺土必争，况六百里?”

逢侯丑知道中了张仪的计，不再说什么，匆匆赶回楚国去报告

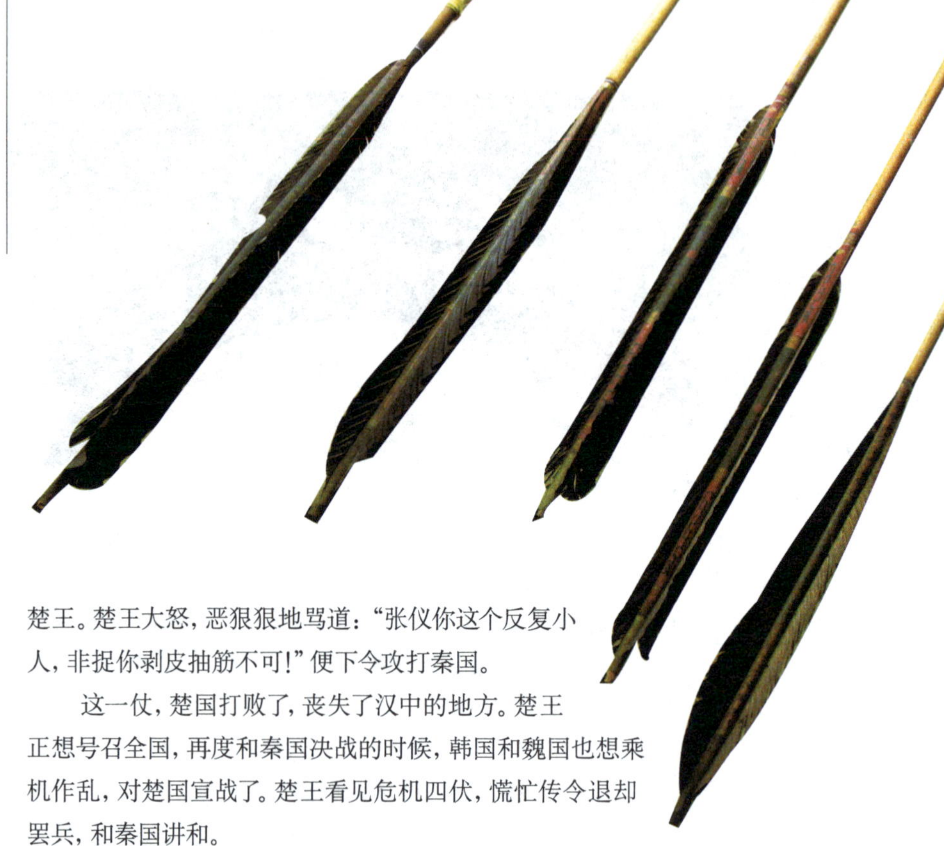

楚王。楚王大怒，恶狠狠地骂道："张仪你这个反复小人，非捉你剥皮抽筋不可！"便下令攻打秦国。

这一仗，楚国打败了，丧失了汉中的地方。楚王正想号召全国，再度和秦国决战的时候，韩国和魏国也想乘机作乱，对楚国宣战了。楚王看见危机四伏，慌忙传令退却罢兵，和秦国讲和。

过了一年，张仪又声言要和楚国结盟了，且愿以商於之地和楚国的黔中交换。使者对楚王说起，楚王的宿恨未消，愤然回答："寡人不愿得地，愿得张仪而甘心，如果秦国肯派张仪到楚国来，寡人情愿奉黔中的地方给秦国。"

使者回报了秦王，左右有忌妒张仪的，都说此计可行，以一个人换来几百里地方，利莫大焉。秦王说："张仪乃我的左右手，为国家立了许多的大功，我宁愿不得此地，万不能丧失张仪！"张仪却从容地说："微臣愿只身入楚国。"这话使大家惊骇起来。秦王说："楚王已恨你入骨了，去后即杀，为何你反要去？""身入虎穴，还想幸免？这确是奇迹，不知先生有何脱身之计？"秦王问。"现在不便宣布，总之我会安全回来，同时可以使整个楚国向大王一面倒。"

张仪毅然到了楚国，楚王立即下令把他绑起来，择日告太庙，处决张仪。

张仪早已派人去打通宠臣靳尚的关节，叫他去活动楚王宠姬郑袖。

靳尚见了郑袖，便说："夫人的宠幸不会太久了。""为什么？"

郑袖大惊，问道。靳尚告诉她："秦王派张仪到楚国，大王已把他定了死罪，张仪这个人，是秦王的功臣，秦王得了消息，已准备退还汉中地方给楚国，并且要把自己的亲生女献给楚王，以赎张仪之罪。目下秦使来讲条件了，一旦说妥，秦国的美人便列队而来，那时，夫人想保持这个地位是不可能了。"

郑袖已被吓坏，慌忙问计："有什么办法可以挽救呢?"靳尚说："唯今之计，只可诈作不知这件事，在楚王面前下工夫，送张仪回秦国，张仪回去，必感盛德。"

郑袖于是在楚王面前哭诉，她说："大王欲以黔中地方换取张仪，地方未给，张仪却先至，这是秦王有礼大王，如果将张仪杀了，秦王怒，必起大军报仇，那时，我夫妇的命运怎样，可想而知，妾为此事，食不下咽，睡不安枕，况且人各有主，张仪为秦王尽忠，乃当然之事，如果大王优厚他，也可以一样是大王的忠臣。"

楚王被枕头一撞，心已软了一半，答应再行考虑。靳尚又乘机怂恿，说："杀一张仪，于楚无补，于秦无害，而又白白丧失了几百里地方，这样一来，秦国不是更强盛了，楚国更衰弱了吗?"

楚王一想，果然划算不来，终于听了郑袖的话，再把张仪送回秦国去。

张仪脱险回来，再度拉拢楚王，同样用连环计，离间六国，彻底粉碎了苏秦的合纵同盟，把六国逐个拉拢过来，并成连横阵线，尊秦国为盟主，为秦国以后统一中国铺平道路。

◎吊人铜矛◎
铜矛为仪仗兵器，铜人为男性，头梳椎髻，双手背剪裸体受刑，器形奇异，具有滇民族的风格。

毕再遇巧使连环计

宋朝将领毕再遇，就曾巧施连环计，打了一场漂亮仗。经过认真分析，他认为，金兵强悍，骑兵尤其勇猛。在这种形势下，如果与敌正面交锋，定会给己方造成重大的伤亡；要付出沉重的代价，且难以取胜。所以，他主张用兵交战时，要抓住敌人的致命弱点，设法钳制敌人，寻找良好战机，一举取胜。

一次，与金兵遭遇，他命令部队不得与敌正面交锋，可采取游击流动战术。敌人前进，他就命令队伍后撤，待敌人刚刚安顿下来，他则下令出击，等金兵全力反击时，他又率部逃得无影无踪。就这样，退退进进，打打停停，神出鬼没，把金兵搞得疲惫不堪。金兵想打又打不着，想摆脱又摆脱不了。

到了夜晚，金兵人困马乏，正准备回营休息。毕再遇命人准备了许多用香料煮好的黑豆，偷偷地撒在阵地上。然后，又突然袭击金兵。金军无奈，只得尽力反击。毕再遇率部与金军战不几时，又全军败退下来。金军气愤至极，就乘胜追击。谁知，金军的战马一天来，东追西跑，又渴又饿，正在这时，闻到地上那香喷喷的味道，用嘴一探，才知道那是可以填饱肚子的粮食发出的香气。战马便一口一口地只顾抢着吃，任你用鞭抽打，死活不肯迈步。就这样，金军调不动战马，在黑夜中，一时没了主意，显得十分混乱。

毕再遇这时调集全部兵力，从四面包抄过来，直杀得金军人仰马翻，横尸遍野。

毕再遇巧施连环计，打了一次大胜仗。

决战前的连环计

辽沈战役之后，我军乘势发动了平津战役和淮海战役，与国民党军展开了战略大决战。

为了使平津之敌不致逃逸，将其死死拴在华北地区，我军考虑全局，考虑各个战场的联系，从战役的发展出发，制定了钳制敌人的连环计。即在两星期之内对平津之敌隔而不围；对张家口、新保安两地之敌围而不打；对淮海战场上的国民党军的杜聿明军团不作最后歼灭等。这一系列谋略的实施，使平津之敌欲逃不舍，欲战不能，被一条长长的无形锁链锁定在原地。

◎岳母刺字◎

第三十六计 走为上计

原文

全师避敌[1]，左次无咎，未失常也[2]。

注释 <<<

①全师：使军队得以保全。避：躲避、避让。

②左次无咎，未失常也：出自《易经·师》卦。左次：有降级、退却之意。咎：灾祸、祸患、罪责。失：违背、违反。意思是退却待机就会避免灾祸，是符合正确用兵之法的。

译文

全军退却，用以避开强敌，这种退却是完全无罪的，也是与正常用兵之法不相背的。

评点

“走为上计”又作“走为上”、“走为上着”。其意为在敌我力量对比相差悬殊的不利形势下，采取主动而有计划的退却，以避开强敌，重新寻找战机，从而以退为进。这在计谋中，也应看作上策，因为世上没有常胜将军。《南齐书·王敬则传》：“檀公三十六策，走为上计。”《十一家注孙子·虚实篇》：“退而不可追者，速而不可及也。”

◎年画里的鲁肃与周瑜◎

古人认为，当敌军占有绝对优势，而我方毫无战胜的可能之时，其出路只有投降、媾和、退却这三条路可供选择。投降是彻底失败，媾和是一半失败，而退却与失败却根本不同，而是转败为胜的关键之所在。

经典案例

晋文公以退为进寻战机

春秋初期，楚国日益强盛，楚将子玉率师攻晋。同时，楚国还胁迫陈、蔡、郑、许四个小国出兵，配合作战。这时，晋文公刚攻下依附楚国的曹国，深知晋、楚之战不可避免。

子玉率部浩浩荡荡向曹国进发，晋文公闻讯后，分析了形势。他对这次战争的胜败没有把握，楚强晋弱，其势汹汹。于是他决定暂时后退，以避其锋芒。而晋文公对外则假意说："当年我被迫流亡，楚国先君对我以礼相待。我曾同他有过约定，将来如我返回晋国，愿意两国修好。如果迫不得已，两国交兵，我一定要退避三舍。现在，子玉伐我，我当实行诺言，先退三舍(当时一舍为三十里)。"

于是，他便率部后退九十里，依仗临黄河，靠太行，相信足以御敌。他还事先派人前往秦国和齐国求援。

子玉率部追到城濮(今河南省开封市陈留附近)，晋文公早已严阵以待。晋文公了解楚国的左、中、右三军，以右军最为薄弱，右军前头为陈、蔡士兵，他们本是被胁迫而来，并无斗志。子玉命令左、右军先进，中军继之。楚右军直扑晋军而来，晋军忽然撤退，陈、蔡的将领以为晋军因惧怕而要逃跑，就紧追不舍。忽然晋军中杀出一支队伍，驾车的马头上都蒙上老虎皮。陈、蔡军的战马以为是真老虎，被吓得乱蹦乱跳，掉头就跑，士兵哪里控制得住。楚右军大败。

晋文公派士兵假扮陈、蔡士兵，向子玉报捷："右师已胜，元帅赶快进兵。"子玉登车远望，只见晋军后方烟尘滚滚，他大笑道："晋军果然不堪一击。"

其实，这正是晋军的诱敌之计，这是他们在马后绑上树枝，来回奔跑，故意弄得烟尘冲天而制造出的假象。子玉急命左军奋力前进。而这时，晋国的中军故意打着帅旗，往后撤退。结果，楚左军又陷于晋国的伏击圈内，遭到歼灭。待子玉率中军赶到，晋军三军合力，已把子玉团团围住。子玉这才发现，他的左、右两军都已被歼，他自己也深陷重围中。于是，子玉便急令突围。虽然他在勇将成大心的护卫下，保住了性命，但部队伤亡惨重，只好悻悻而归。

这个故事中晋文公的几次撤退，都不

是消极逃跑，而是主动退却，其目的是为了寻找或制造战机。所以，“走”为上策。

该走不走反受其累

越王勾践灭了吴国，打进江淮，诸侯都承认他是霸主。当他在开庆功会，大赏功臣时，却发现少了一个帮他南征北战夺天下的大功臣——范蠡。范蠡到哪里去了呢？这时只有大臣文种知道，因范蠡临走之前曾留给他一封信，说：“飞鸟打光了，好的弓箭该收藏起来；兔子打完了，就轮到把猎狗烧来吃了。越王这个人，可以跟他共患难，不可以共安乐，您还是赶快走吧。”但文种贪恋禄位没有走。有一天，勾践突然给他送来一口剑，文种一看，正是当年吴王夫差叫伍子胥自杀的那口宝剑，什么都明白了，后悔没听范蠡的话，只好接受勾践的赐死——自杀了。再说范蠡脱离了仕途生涯，携家眷退隐到陶地，化名陶朱公，过起了悠闲的隐居生活。但世间的人，哪里有“悠闲生活”可过？有一天，范蠡的次子在楚国杀了人，被问成死罪，遣人来报信。

陶朱公得报大惊，为救次子，想出一个办法，用牛车装了几缸黄金，准备叫三子去楚国进行营救。但长子见了，便争着自己要去。陶朱公不依，长子便说：“国用大臣，家用长子。今二弟有难，不叫我去，偏叫三弟，是什么道理？”说后遂想自杀。他的母亲见此情形，便对丈夫说：“老二犯罪，叫老三去救，未必救得出，如果不叫老大去，次子未救出来，先让长子死去，你说，你是不是老糊涂了？”

陶朱公无奈，只得改叫长子前去，并写了一封信，让他到楚国交给一个叫庄生的人，吩咐他：“你把这些黄金搬进庄生家里之后，不要和他说什么话，回来就是了。”

长子起程的时候，另外带了私蓄几百金。到了楚国，在陋巷里拜见了庄生，照父亲的话做了。庄生对他说：“你可以赶快回家去，不要在此逗留，就是你弟弟出狱了，也不可问及此事！”长子听了，唯唯遵命，却暗里逗留下来了，因急于营救弟弟，又利用自己的私蓄去贿赂另一位贵人。

庄生其人，虽然穷居陋巷，然清高自守，楚国上自楚王，下至官员都十分尊重他。这次对陶朱公的礼物，之所以暂时留下，是为了不使故人失望罢了。

庄生去见楚王，谈起天上发现了灾星，将不利于楚国。

楚王素重庄生，听了他的话便问："似此为之奈何？"

庄生说："多积阴德就可以了。最方便的是大赦天下！"

"可以，寡人将这般做！"楚王决定地说。

首先，楚王下令把三钱之府封闭起来。那位贵人已收了陶朱公长子的贿赂，今见楚王这种措施，便迅速地告诉陶长子，说：楚王已下了大赦令了，你弟弟会安全出狱！楚王每次大赦前，必然先封三钱之府的，昨晚又封闭起来了，不是大赦是什么！"

长子以为大赦了，心痛黄金已送给庄生，乃再去拜候。庄生一见他，惊奇地问："你还没有回去吗？"

"还未呢？我想等弟弟出狱后一同回去，现在听说要大赦了。故来辞行！"

庄生见了他说话的神情已知道他的来意。对他说："你把这些缸子拿回去吧！"

长子遵命入室，把那些装黄金的缸子拿回去。心里欢喜无限。庄生很生气，想不到会被人玩弄。乃再入见楚王，说："前天说及的灾星事，大王已准备大赦了。但我在外面听到有些话，说陶朱公那位大富翁有一个儿子在楚国被问成死罪，用许多金钱贿赂了大臣，把这次大赦，说成是专为那位千金之子的，并不是造福百姓！"

"岂有此理！"楚王愤然说："寡人命令会随人指点的吗？"立即下令把陶朱公的次子斩首，第二天再下大赦令。所有的罪犯欢天喜地出狱了，只有陶朱公的儿子尸体抬出来。

长子领了弟弟的死尸回家安葬。一家人都号啕大哭，只有陶朱公不动。妻子问他何以这般硬心肠。他说："长子一去，我已料到老二死定了。这并非他不爱弟弟，相反的，而是他太爱弟弟，该离开楚国的时候而不忍心离开；因他从小就跟着我，历尽苦难，对每一个钱的来历，知道得最详细，舍不得使钱；老三就不一样，他一出世就丰衣足食，不知道钱的来历，故能仗财。而且好动贪玩，到楚国事一办完就会遵照我的吩咐马上离开。我要叫老三去，就是因他看不起钱，而且不会因留恋兄弟而不离开，会很好地完成任务；今日的后果，就是长子当走而不走带来的呀！"

毛泽东的得意之作

1935年1月，遵义会议之后，毛泽东开始亲自指挥中央红军，可是红军的处境是十分危险的，蒋介石的几十万大军，已经将红军团团围住了。

1月中旬，蒋介石调动了一百五十个团的兵力，从四面八方包围遵义。毛泽东当机立断率红军撤出了遵义，兵分三路向土城和赤水进发。敌人四个旅从后面追来，红军西进首次渡过赤水河。

当时红军提出的口号是：“我们必须准备走大路，也必须准备走小路。我们必须准备走直路，也必须准备走弯路。我们决不能损坏财物，因为我们还可能回来。”这些口号使红军战士明白了毛泽东的战略战术。

2月18日到21日，红军二渡赤水，遵义之战歼灭敌人两个师，这是长征以来最大的一次胜利。蒋介石大惊失色。亲自到重庆指挥。而红军又转兵向西，第三次西渡赤水，再入川南地区。

这时的蒋介石在重庆. 他对他的军事顾问端纳说：“你看，毛泽东已是无路可走了，行动反复无常，你不知道他要到哪里去。红军已是瓮中之鳖，纵然有上天入地的本事。他毛泽东也跑不了了。”

3月24日，蒋介石带着宋美龄从重庆飞到了贵阳，他对端纳说：“我这次来。就是要收紧对红军的包围圈，这一次一定要抓住毛泽东。”

蒋介石在他的二层小楼里接见了贵阳警察局局长王天锡，对他说：“你这个名字很好呀，那真是天赐良机呀，天锡还是天赐都是这个意思嘛！”蒋介石很高兴地委任他为警备司令。

这时候，薛岳打电话来了：“委员长，毛泽东看样子要过乌江。”

“不能让他过乌江，要让他成为第二个石达开！”

到了3月30日，红军一举突破了乌江。

蒋介石这一次大骂薛岳：“你是干什么吃的，我要撤你的职！”“委员长，红军可能已经往贵阳来了，为了您的安全……”“娘希匹，我不用你们管，不要你们管！”宋美龄听到这个消息，几乎落下泪来：“达令，你一定要想办法，要想个好办法呀！”“王司令，你一定要

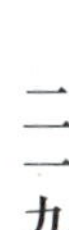

加强城里的防卫，能用的兵都要用上！”王天锡向蒋介石报告：“委员长……我已经组织了一个营。还有两个消防连，另外还有一些警察。大约有四百多人。我们干了一天一夜，修了一道城墙。”

“有这么快?那不可能，我要亲自去看一看。”

蒋介石到了城外看了看，那个城墙根本不可能挡住红军。这时，顾祝同跑来报告：“委员长，据侦察，红军离贵阳只有十多里路了！”

蒋介石吓出了一身冷汗：“快下命令，命令云南的滇军司令孙渡亲率三个旅，火速赶到贵阳!这里离机场有多远?”

“有三十多里路吧，车子也要走一个多小时。”王天锡说。

这时一个警察跑来报告：“王司令，刚刚接到电话，在飞机场发现了红军的便衣队。”王天锡没有说话，他转过脸看着蒋介石。

“看我有什么用?你还有什么办法?”

“这……”王天锡一时紧张得说不出话来。还是蒋介石想出了办法：“给我找二十名可靠的人，再弄些好马来，再找两顶好轿子，快，越快越好！”

“是，委员长，我马上就去办！”

过了一会儿，顾祝同又跑来报告：“红军已经绕过贵阳朝龙里方向去了。”

蒋介石看了看地图，自言自语道：“毛泽东是想回湖南，还是江西?”

这时，陈诚也来了，对蒋介石说：“刚才，孙渡的三个旅已经赶到了，真是兵贵神速啊！”

“好啊，好啊，叫他们往龙里方向追击一下敌人。”蒋介石说着松了一口气。

5月3日，蒋介石得到消息，毛泽东渡过了金沙江。这说明红军已经跳出了他的包围圈。全国解放以后，一位来访的外国元首对毛泽东说：“您指挥的三个大战役，可以和世界上一切伟大的战役相比！”

毛泽东笑了笑说：“那算不了什么，四渡赤水那才算得上是我平生得意之作呀！”没有四渡赤水就不可能有长征的最后胜利，没有长征的胜利，就不可能有后来的全国解放。由此说来，四渡赤水确实是毛泽东“走”出来的得意之作了。

◎战鼓◎

计除“黑森林”围剿

1943年6月初，侵略南斯拉夫的德国、意大利军队共十二万人，对南斯拉夫军队发动代号为“黑森林”的围剿，企图在门的内哥罗和黑塞哥维那交界地区围歼南军最高司令部及其所率主力。

6月4日，德、意军队开始进攻。当时，被围的南军只有一万六千人，兵力处于绝对劣势。在这种情况下，南军最高司令部决定，以走为上，便组织突围。在铁托领导下，于6月7日开始突围。其间，尽管遭受巨大损失，但德、意军队的围歼企图被彻底粉碎。

南军余部在其最高司令部的率领下，于6月14日挺进敌后，进军波斯尼亚，开辟新的解放区。

◎黄崖关◎

跋

原文

夫战争之事，其道多端。强国、选将、择敌、战前、战后，一切施为，皆兵道也。惟比比者，大都有一定之规，有陈例可循。而其中变化万端、诙诡奇谲、光怪陆离、不可捉摸者，厥为对战之策。三十六计者，对战之策也；诚大将之要略也。闲尝论之：胜战、攻战、并战之计，优势之计也；敌战、混战、败战之计，劣势之计也。而每套之中，皆有首尾、次第。六套次序，亦可演以阴……(原缺)

译文

关于战争这件事，它的内容非常复杂而丰富。其中包括：加强国防、训练士兵、选择将领、确定攻击目标，以及战前的动员和准备、战后的补充和休整，等等。这些活动都是军事工作。这些工作，大都有一定的规律和经验可资遵循和借鉴。但是其中变化多端，运用诡计奇谋形式千变万化、千奇百怪，最难掌握的，就是交战的计谋了。三十六计就是这种交战的谋略，确实是将帅的重要方略。平时对此曾经做过一些探讨，认为：胜战、攻战和并战这三套计策，是属于处于优势地位时，所施用的计谋；而敌战、混战和败战这三套计策，则是属于处于劣势地位时，所施用的计谋。在每套计谋中，都有开头、结尾和排列顺序。根据这六套的编次，还能够推演出更多的秘计……(原缺)